现代图书馆资源建设与服务创新研究

张利永 ◎ 著

吉林出版集团股份有限公司

图书在版编目（CIP）数据

现代图书馆资源建设与服务创新研究/张利永著 ．
— 长春：吉林出版集团股份有限公司，2023.9
ISBN 978-7-5731-4330-3

Ⅰ．①现… Ⅱ．①张… Ⅲ．①图书馆－信息资源－资源建设－研究②图书馆服务－研究 Ⅳ．①G250.73 ②G252

中国国家版本馆 CIP 数据核字（2023）第 182068 号

现代图书馆资源建设与服务创新研究

XIANDAI TUSHUGUAN ZIYUAN JIANSHE YU FUWU CHUANGXIN YANJIU

著　　者	张利永
责任编辑	曲珊珊
封面设计	林　吉
开　　本	787mm×1092mm　　1/16
字　　数	250 千
印　　张	16
版　　次	2023 年 9 月第 1 版
印　　次	2023 年 9 月第 1 次印刷
出版发行	吉林出版集团股份有限公司
电　　话	总编办：010-63109269
	发行部：010-63109269
印　　刷	廊坊市广阳区九洲印刷厂

ISBN 978-7-5731-4330-3　　　　　　　　　　　定价：78.00 元

前 言

　　书籍是思想的源泉，图书馆则是知识的宝库。随着信息技术的迅速发展和社会变革的不断推进，图书馆作为知识传承与文化交流的重要场所，正经历着前所未有的变革与挑战。本书旨在探讨和分享图书馆领域的资源建设与服务创新的最新理念与实践。

　　现代图书馆已不再局限于纸质书籍的收藏与传播，而是成为信息时代的智慧中心。信息科技的发展为图书馆资源的获取、存储和利用提供了前所未有的便捷性和广度。然而，信息的爆炸式增长也带来了信息过载的挑战，如何在海量信息中挖掘出有价值的资源，成为图书馆资源建设的重要议题。因此，本书汇集了图书馆学领域的专家、学者、从业者，共同探讨如何优化图书馆的资源建设，使之更好地满足人们的信息需求。

　　本书注重服务创新，强调图书馆作为社会文化服务的中心地位。图书馆的服务不仅仅是提供书籍借阅，更包括知识咨询、数字资源开发、文化活动等多方面。本书将探讨图书馆如何借助现代技术手段，提升服务质量和用户体验，满足用户个性化、多元化的需求。

　　编写本书的过程中，我们汲取了众多专家学者的研究成果，希望能为广大图书馆从业者提供有益的借鉴和启发。感谢所有为本书付出努力的人，是你们的智慧和付出，使得这本书成为一本有关图书馆资源与服务创新的重要参考书。

目　录

第一章 现代图书馆资源的基本理论

第一节 图书馆资源共享共建

图书馆资源共享建设的发展目标是通过共享图书馆资源，利用各级公共图书馆资源的互补性，实现图书馆信息资源服务的整合，达到全方位配置，满足大量读者，特别是偏远地区和贫困地区的读者，为形成科学的信息共享机制，需要各级图书馆统一规范，统一联盟。随着网络和数字图书馆建设的加速发展，图书馆资源共享共建已经取得了很大进展。资源共享系统使用数字图书馆的资源共享功能，为读者提供了方便信息获取方式。数字图书馆多层次的知识服务功能使图书馆服务工作大大加强，为实现独立学习、民众学习、生活学习创造了一个很好的方法。

让读者随时随地方便快捷、无限制地访问和共享图书馆的资源是图书馆共享共建的最终方向。因此图书馆正一直努力实现资源共建共享目标。图书馆联盟是图书共享公认的典型模式和形式，本节以经典成功的图书馆案例，结合其发展历程阐述图书馆资源共建的实用方法，整理各阶段发展的特征，得到我们需要学习的方法，信息共享形式的移动图书馆技术将成为未来图书馆资源共享共建的发展模式和发展方向。

一、图书资源共享共建的传统模式

信息化技术和社会发展的局限性仍然是国内图书馆资源共享共建传统模式存在的问题。独立的图书馆或者图书馆合作组织的主要任务是为该地区的用户和读者提供所需的文献资源。所以，建立相关的部门来保障文献资源信息和全面的文献传递系统成为工作的重点。这种图书馆共享部门是信息资源共享的组织，作用是实现图书馆馆藏资源共享，达到联合阅读资源的目的及文献交付和参考咨询。随着互联网科技的不断进步，形成了国内外大学图书馆区域资源共享和专题资源共享等模式，资源共享的主要模式是组织协同共享模式。

二、共建图书馆资源的发展进程

20 世纪 90 年代，信息资源的共享主要对象是数字资源。与此同时信息技术的开发和发展得益于互联网发展技术、计算机革命、大数据库发展、电子刊物等技术的迅猛发展，为数字资源的发展做出了突出的贡献，信息资源为数字资源的传播和利用提供了便利的技术条件。人们可以使用不同国家和地区的信息资源，所以传统的文献保障制度的概念已经过时了，应该被共享和捐赠资源所取代。

数字化资源共享已经深入社会各行各业，图书馆信息资源自然要顺应时代，开发数字共享技术。数字资源共享的时代体现在数字图书馆的共享共建，数字图书馆资源共享已经起到降低传统图书共享资源的共享成本，而且分享更加便捷，克服了传统图书馆共享的距离、语言和时间等障碍，地理边界线不再是限制资源共享的隔离带，图书馆的服务范围得到了扩大，图书馆资源共享共建进入新的时代。

美国最早使用数字图书馆进行图书馆的共享共建，其规模最大，为其他国家发展数字图书馆共享建设做出指导和示范。美国数字图书馆共享可以分为跨州共享和区域内共享两种方式。不仅完成了传统图书馆的共享共建任务，也采用自动化协作改进和发展了分享风险、共享利益、数字资源收藏和共享技术标准。

随着图书价格的上涨，联合采购和联合开发越来越得到图书馆的共识。在这样的环境下，中国的数字图书资源联盟诞生了。目前，中国已基本完成国家一级图书馆资源和各重点大学图书馆资源的共享共建服务。而各省内数字图书馆根据各自高校的实际情况，采用各有特色的灵活收集资源方式和合作共享模式。

20 世纪末，随着信息技术、无线移动网络信息技术的迅速发展，移动共享技术越来越成熟，越来越普及，很多读者能随时随地利用移动网络搜索到需要的信息，便利情况前所未有。在这种情况下，移动技术便于移动图书馆服务的发展，促使图书馆的服务方式进行相应的调整，移动图书馆服务是用户使用各种终端随时通过无线网络访问图书馆共享的信息和资源。无线移动图书馆有专用的服务组织结构，是无线网络技术和数字图书馆系统的有机结合。

目前，美国、日本、英国等许多国家的图书馆都对图书馆服务的移动通信技术手段进行了深入了解，有条不紊地将移动通信技术应用于图书馆信息服务中。

三、数字图书馆资源共享发展目标

在共享建设图书馆资源的过程中，信息共享服务的地位不容置疑，图书馆资源共享服务系统是重要的核心进程，优秀的图书馆资源共享服务，才更能体现出其价值，各级图书馆才能自发地支持这种共享体制。图书馆服务的有效性往往是图书馆与各级部门合作的结果，数据中心的核心应为图书馆的业务服务，如流动阅读管理需要管理人员和组织的配合和协调，缺少任何一方都会大大影响其整体服务效果。

维护和管理共享数据是信息资源的中心，图书馆资源的共享和交换可以在数据总库之间进行数据交换。然而各级数据服务中心和各图书馆服务系统还要保持相对独立，为解决这种障碍，各级图书馆系统应用建设是总体方案的重点，数据中心要起到连接作用，起到交流和共享的核心作用。应提高图书馆间的共享服务效率，还要使各合作图书馆采用统一的共享网络平台系统，只有在同一系统内，才能保证交互信息的及时性和便捷性，不因系统差异导致资源共享受阻。统一的系统可以合理统筹和管理各独立的图书馆间资源共享的公平性，保证共享资源的顺利进行和顺利发展，这样才能使各图书馆和数据中心达到整体的效果，可以有效地动员各级图书馆和图书馆数据中心提升服务效率和服务质量。

数据中心是图书馆信息资源共享的重要核心。数据中心要有能力管理所得到的庞大的共享数据储量，所以要制定一个应用程序模块，为了规范资源的共享系统，要将制定的应用程序加入服务流程体系中，所有级别图书馆之间的数据检查和数据转化工作要小心谨慎，开发独特的网络管理平台，信息资源共享标准，实施图书馆特色共享体系。信息资源服务的对象是读者而不是自动化系统，明确读者需要什么信息资源，围绕读者需求的信息资源，来设计最快捷的资源查询方式，节省读者时间的信息服务是最有效的服务。

四、数字图书馆资源共享共建优势

数字图书馆共享建设的建成将大大改善互联网图书信息较少的局面，图书资源在互联网上不断丰富，增强文化信息的话语成分，从而促进中华文化的网络优势。由于现代科技的飞速发展，很多珍贵书籍都能成为科学研究的参考书，而数字资源不会影响数据同时访问限制，增大研究工作的效率。现在可以通过电脑技术，将书籍、出版物、音频和视频材料等，翻译成数字资料，成为我们的数字图书馆的共享信息。数字图书馆在互联网的帮助下，依靠这个非常重要的平台，实现资源的有效共享。数字图书馆资源共享使图书馆不再是传统的封闭实体，其资源不再受限制，它不只限于收集实体书籍，资源的分享是在整个互联网上，使图书馆的资源利用率大幅提高，如中国学术期刊网，万方数据库等数字图书馆资源共享系统。随着互联网的发展，中国电子书正在快速增长，数字书籍，数字报纸和数字杂志也在增加，视听材料的分配为我们的数字图书馆资源共享建设提供了很大的帮助和丰富的素材。

良好的数字图书馆资源共享系统可以根据用户的不同，优先推送需要的资源，用户可以有针对性地通过电脑轻松打开数字图书馆的页面进行搜索、浏览和下载各种有用的资源，使用更方便、快捷。与传统图书检索方法相比，数字图书馆资源共享检索服务工作有非常明显的优势。数字图书馆的共享搜索功能是全文内容被检索，并具有强大的模糊搜索功能，可以由一个主要关键词扩展到类似的关键词，以便于快速检索内容材料信息。

从读者的需求来看，基于网络图书馆资源共享建设的数字图书馆，有力地解决了当地图书馆馆藏资源数量少带来的弊端，解决偏远地区图书不充足导致的读者需求得不到满足的问题，大大增加了偏远地区读者图书资源的获取途径，降低了需要建设大型图书馆的成本。基于先进的网络技术和信息资源发展的互联网，读者检索资源的环境得到了改变，大大满足了读者对信息的需求，改善了交换资源的方式。而读者的需求也随着社会的发展、信息环境的变化和通信方式的变化而变化。更好地满足用户对信息资源的迫切需求，开发和追求个性化服务是图书馆大力发展资源共享共建的良好基础。

五、图书馆资源共享共建策略

推动图书馆资源共享共建需要社会各界的共同努力，需要相关部门的大力支持。

推动数字图书馆资源共享立法工作。近年来，我国政府相关机构已经开发了多种方式，来制定分享数字信息资料的资源监管制度，我国应加快相关问题立法的进度，明确数字图书馆资源共享的规定，应当依照有关法律法规制定，最后还要从多方面加强组织领导，形成一整套规范的数字图书馆资源共享共建措施。

继续加强图书馆共享管理委员会的工作。积极有效地征集政府部门和社会团体对现行制度的支持，要及时梳理和改进标准，规范使用资金，促进标准和规定的实行，让用户更方便地使用数字资源共享系统。

加快数字图书馆的开放速度。目前，许多发达国家都有数字图书馆开放，并得到广泛应用，在这方面我国的进展还比较缓慢。开放是数字信息环境中共享系统发展的保障，开放获取是用户信息和知识获得的保障，是读者获得资源的主要手段。我们应该促进开放获取政策，尽快推动我国信息开放和获取。建议国家继续增大管理力量，科学规划图书馆数字资源共享建设，为图书馆资源共享进行合理的规划布局，保证读者可以获得有效的信息和知识。

可见，未来的图书馆资源共享共建，必将是基于数字信息化进行建设。数字时代资源共享的形式是图书馆共享共建的发展方向，数字图书馆资源共享有效地整合图书馆大量的馆藏资源，顺应网络技术的发展、计算机的普及和移动网络应用的大势所趋，对多种优秀的新时代的新技术进行综合运用，坚决做好图书馆资源共享共建，为图书馆的发展做出贡献。

第二节　高校图书馆与公共图书馆资源共建

随着现代科学技术的发展和进步，资源共建和共享已经成为现实。高校图书馆和公共图书馆之间实现资源共享，不仅能够最大限度地利用资源，发挥资源的价值，还能够促进高校图书馆和公共图书馆文献资源收集渠道的拓展。本节从高校图书馆、公共图书馆两者之间的差异入手，将两者进行比较研究，挖掘出两者资源共建的重要性。在此基础之上提出了高校图书馆、公共图书馆资源共建的方法，以推动开放型图书馆的形成，希望可以为相关研究人员提供参考。

随着科学技术的飞速发展，许多行业都突破了传统模式的束缚，形成了新的发展模式。例如，高校图书馆和公共图书馆资源共建，利用先进的科学技术，能够达到预期和要求，形成完善的资源共建模式。高校图书馆和公共图书馆之间建立起资源共建模式，构建出科学完善的资源共享机制，能够满足当前我国对图书馆未来发展的期待。图书馆事业处于上升发展的阶段，各方面和各个环节都需要完善和优化，将高校图书馆和公共图书馆联系起来，构建信息联盟，实现资源共享，能够加快图书馆事业发展的速度。

一、高校图书馆与公共图书馆资源共建的重要性

（一）提高高校、公共图书馆资源的利用效率

无论是高校图书馆，还是公共图书馆，最为重要的资源都是文献资料。文献不仅仅是社会和国家的财富，还是推动社会和国家进步的重要工具。目前从高校图书馆和公共图书馆的馆藏资源情况来看，前者的馆藏资源往往要优于后者，这是因为高校作为培养人才的重要基地，对于图书馆资源的完善和丰富十分重视，而且馆藏资源具有明显的专业性。而公共图书馆的馆藏资源相较于图书馆而言，优势相对没有那么明显。为此，加快高校图书馆、公共图书馆资源共建，实则是在推动两者之间的资源融合利用。在这样的情况下，无论是高校图书馆的优势还是公共图书馆的优势均可以得到最大限度的发挥，促进地方文化与经济的建设。

（二）缓解高校图书馆与公共图书馆资源短缺的问题

图书馆和公共图书馆的资源再丰富，也比不上两者资源共建带来的资源丰富程度，而一般实践中高校图书馆和公共图书馆内部的资源均存在一定的短缺，因此，实现资源共建可以在一定程度上解决这一问题。随着人们文化水平的提高，对于知识的渴求更加强烈，公共图书馆和高校图书馆的资源共建可以为人们提供更好、更丰富的资源。在服务上，高校图书馆和公共图书馆之间也可以相互借鉴，发现各自存在的缺点和问题。

（三）满足人们对数字信息资源高效性的要求

互联网技术的发展和进步，改变了许多行业的发展模式。就图书馆事业而言，利用互联网能够更快实现各个图书馆之间资源的共享。就搞笑图书馆和公共图书馆而言，一旦普及推广数字化、网络化技术，便会打

破两者之间的界限，实现资源的交叉利用，建立资源共享体系，人们获得馆藏资源和信息的渠道也会因此而拓宽。在这样的环境下，图书馆事业的发展将会更加繁荣，为人们提供更加便捷高效的服务，逐步满足人们对于信息资源的需求。

二、高校图书馆与公共图书馆资源共建的方法策略

（一）构建科学完善的协调保障体系

高校图书馆与公共图书馆资源的共建需要建立在完善的协调保障体系之上，高校图书馆与公共图书馆各自拥有优势和特点，这些优势和特点在资源共享之后，能够发挥作用和价值，实现资源共建模式的意义。因此，实践中建议从图书馆资源共建模式的保障性法律法规入手，确保公共图书馆和高校图书馆之间的文献资源整合共建工作能够顺利进行，令资源共建的主体各自承担责任和义务，以保障整个资源共享过程的高效性。建议采用专业的管理机构辅助进行管理，并组织高效调控。高校和公共图书馆的管理部门做好自身的工作，促进两者之间达成协议，明确资源共享的任务、目标及两者各自的权利。在此基础之上构建相应的干预措施，并建立灵活的经费系统，提升资源共建模式的综合水平。无论从哪一方面来看，建立起具有层次性的高校图书馆与公共图书馆资源共建模式都是非常必要的。

（二）促进开放型图书馆的形成

开放型图书馆的形成有利于资源的整合和利用，会增加和拓宽人们获得资源的渠道，提高图书馆服务的质量。因此，在开展高校图书馆与公共图书馆资源共建工作的时候，需要改变传统的图书馆管理理念，吸收开放性思想，充分利用现代互联网技术，构建开放型的图书馆。信息

资源只有向社会开放之后，其基本的价值和意义才能得以发挥。图书馆与图书馆之间的文献资源共享服务，不仅可以满足社会各界人士的需求，还会建立起资源流通的桥梁，对于保障资源的完备性和时效性具有重要意义。建立开放型的图书馆，首先要明确高校图书馆和公共图书馆各自的责任，扮演好各自的角色，积极主动地整合图书馆的文献资源，让读者的需求得到满足，令图书馆提供的服务更加高效。图书馆与图书馆之间的文献资源信息检索效率也要大大提升。

（三）拓宽高校图书馆与公共图书馆资源收集的渠道

为了拓宽高校图书馆与公共图书馆资源收集的渠道，应不断地丰富和完善图书馆的资源。资源共建模式建立起来之后，高校图书馆和公共图书馆各自的优势才能够全面发挥。图书馆具有公共服务性，因此，政府对于图书馆的支持要到位，除了经费方面的支持之外，政策支持也非常必要。加强社会各个机构和企业对图书馆的重视，充实图书馆经费。同时要加快散落文献的收集和整理，不断提高图书馆资源的综合性和完整性。高校图书馆和公共图书馆都需要与地方机构和人士联系合作，获得地方性的文献资源，建立完善的文献资源体系。高校图书馆还可以发挥自身在人才方面的优势，鼓励校内各个专业的学生参与"图书馆资源丰富"的实践活动，设立志愿者服务基地，方便学生们为图书馆的发展贡献自身的力量。

（四）创建高效的联合机制

互联网时代的到来无疑给图书馆的发展创造了良好的条件，互联网可以实现图书馆与图书馆的联合，资源共建的基本条件得到满足后，资源共享模式的形成就更加容易。高校图书馆与公共图书馆之间的联合，意味着图书馆之间、公共图书馆之间均联系起来，即全国范围的图书馆资源均可以实现共享。为此，实践中需要考虑的是如何将这种联合机制变得高效。一是建议整合数据资源、图片、视频、音频等，在增加图书馆资源全面性的同时，令读者的不同要求均得到满足。二是图书馆的设施设备要不断地完善，以适应互联网时代发展的需求。三是云计算模式可以逐步引入图书馆的资源共建当中，为读者建立一个海量的资源库，并不断地优化资源的质量，增强资源提供的便利性。

（五）综合提升高校图书馆与公共图书馆工作人员的素质

高校图书馆与公共图书馆的工作人员素质均有待提升。从高校图书馆的角度来看，图书馆作为高校的心脏，为学生提供知识的血液，应当重视图书馆管理人员综合素质的提升。图书馆可以根据学校的特色制订招聘方案，选择专业水平高、道德素质高的优秀人才。同时也可以培养一批为学校图书馆服务的志愿者，使得学生们在学习的过程中获得实践的机会，增长见识，提升能力。高校图书馆和公共图书馆的管理层针对工作人员的综合素质提升需要建立技能培训体系，即组织工作人员定期接受培训，促使他们在不断地吸收先进管理理念的同时，也提高自身的综合素养，确保图书馆服务的质量。在这样的基础之上，高校图书馆、公共图书馆资源共建模式的形成才会更加顺利，而资源共建模式形成之后才会有更为专业的人才进行管理。

高校图书馆和公共图书馆之间若是建立起资源共建模式，就可以高效利用两者各自拥有的资源，促进两者的发展和进步。在建立资源共建模式的过程中，逐渐挖掘出高校图书馆和公共图书馆各自的优势，并整合这种优势，形成明确的特点，确保公共文化服务体系得以建立。在这样的资源共建模式之下，地方文献资料的收集和整理效率会大大提升，地方文化和经济也会因此被带动，不断地发展和进步。图书馆的存在是为了满足人们对于信息的需求，为了达到这一目标，结合当前图书馆所处的环境和发展现状，不断地完善和优化资源共建模式是非常必要的。

第三节　图书馆资源发现系统

随着读者自我服务意识的增加，图书馆简单的资源提供，通过服务系统为用户提供查询服务的资源获取模式，已经跟不上时代潮流；针对不同数据和系统资源具有一站式搜索的资源发现系统便应运而生。但是作为新生事物总归有较多的不足和需要弥补的方面，本节针对图书馆资源发现系统的现状进行分析，同时对其以后的发展趋势进行预测。

不论是哪个图书馆都具备的功能有：多种多样的图书典籍，各式各样的阅读类型，书籍资源的多样化与多元化。为了使图书馆更好地为用户提供服务，就需要一个能整合所有图书馆馆藏资源，能够消除在资源共享之间障碍的资源发现系统。发现系统能够方便快捷地整合数字文献信息资源，在处理大量数字文献信息的元数据的时候打破之前的单纯搜索模式，通过在搜索之前对元数据进行相应的分析与建立预索引集合，从而为用户提供单一的检索框。

一、今日的图书馆资源发现系统

目前的资源发现系统有很多，主要有由大型数据生产商推出的 WCL、EDS、Summon；采取开放标准，与其他大型数据生产商合作的 Primo 等。目前，这些过去成熟可靠的资源发现系统均遇到了一些问题。

（一）传统资源发现系统的滞后

传统图书馆资源发现系统的滞后，不是其已经被现代的社会淘汰，而是从现代的技术与现代的消费者与阅读者的角度进行考虑，它们已经不能满足当今大部分用户的需求，因为用户需要的是能够获得大量的数据，同时在搜索过程中能够快捷方便地进行，并且能够获得完整的资源。这就显示出现阶段我国资源发现系统的滞后性。正如前面所说一样用户想要获得大量的数据，就需要图书馆提供在资源发现系统中具有重大影响的大规模的集中索引功能，因为发现系统包含大量元数据和先进的搜索技术。

（二）资源结构的多元化较低

在当今社会更多的人与国际接轨，因此就需要接触与了解外国的文化与习惯，然而在国内图书馆内却很难获得较好的外文资源，图书馆馆藏资源本应该是中外数字资源建设兼备，然而从对不同地区不同院系的数所综合大学图书馆进行网络调查分析来看。在图书馆的馆藏中，语言种类方面中文数据库较外文数据库比例大，甚至部分图书馆内只有中文数据库。

（三）资源之间的流通性较低

因为图书馆资源发现系统是由开发商开发和推广的，对资源获取系统的思维模式有较大的影响。因此在面对资源发现系统的开发与推广中，同样也会存在一些问题：每个图书馆都只是通过各自的服务系统为读者进行服务，因此造成资源利用率较低，流通性较差等缺点，而通过这种方式便无法使整合资源和资源搜索功能再次增加。这便成为图书馆发展的一个巨大阻力，只要这样的一层关系存在，便始终会对资源发现系统的推广和继续研发造成阻碍。

（四）模糊性取代确定性

信息化时代的发展不仅极大地刺激了人们对于社会的认知，更是深层次地冲击了传统图书馆资源发现系统，原先建立在确定性、精准导向上的信息检索模式，转变为模糊化的、不确定性的检索模式—越来越多的读者不知道自己下一本阅读的书籍名称，人们开始利用搜索引擎如百度学术搜索取代自己对于信息的整理和归纳。

二、图书馆资源发现系统的将来

（一）系统资源内容的多元化

随着科技的发展与人文的进步，我们不断开始将众多的资源进行整合与利用，相较于之前的电子图书，电子期刊等以文本形式或者以其本身的网络传播为基础的资源发展模式，其散发出的光芒正在逐渐暗淡，而作为新兴的多媒体资源如视频、照片、音频等加入读者的阅读选择行列中，系统内容的多元化也是评定系统优劣的一个方式，为此我们需要不断进行整合各种阅读资源来满足用户的读书要求。

（二）加深文献索引的层次

整合内容的标题才是一篇好的文章，只有在结合文章的时候才会发现关键词是关键，因此作为文章索引点，传统以题目，关键词，作者，这三点的索引模式，然而只是把这三点作为索引的关键，或者是所有的主题来说，这样我们就会在索引的时候有一定的搜索盲点，不能全面而准确地得到自己想得到的资源，为此也会使用户的要求难以得到满足。因此，在以后的索引方面，可以把文章的内容作为一个索引的突破点来进行操作，这样可以使搜索更加准确。

（三）云计算平台与信息的多格式的运用

作为新时代的阅读，信息的多元化、信息的完整化、信息的多格式已然被用户放在比较重要的位置。为此在建设图书馆资源发现系统的时候此方面就尤为重要。同时数据集合层作为资源发现系统的基础，无论是从异构的系统中还是从分布中获取海量的数据，加以集合之后作为系统的底层建筑。通过各种方式，例如，以商业协议为基础可以收集大量的数据，而在获得海量数据的时候可以把其进行整合处理，使其规范化，有序性，方便查找，更好地作为整个资源发现系统的根基。

（四）新兴产业的拓展

为了更好地适应当代社会科技与人文的发展，首先要根据现代社会用户的习惯对资源发现系统进行优化，针对移动设备的大量普及与使用的现象，为更好地打造出更加方便，能够为读者提供更好服务的资源发现系统，就需要满足用户能通过移动设备进行图书馆资源的访问与获取，这样可以提高用户对于此系统的满意度，因此更需要把资源发现系统在移动设备方面的开发与推广作为一个重点工作来进行。而作为系统优化已经不能只满足当前的资源条目之间的简单的连接关系，而应该关注以传统书目记录的扁平机构为基础的 FRBR 原理。将来如果能够更多地借鉴 FRBR 的原理，对于处理各种资源条目之间的复杂关系将会起到一个极大的促进作用。

针对现阶段仍处于发展初期的图书馆资源发现系统而言，现代图书馆更多地关注的是系统本身性能的优劣，具有较多种优势，但是不可否认的是，与此同时还需要面对系统技术门槛高、资源供应商间的冲突、价格昂贵等缺陷。

因为图书馆对资源发现系统的需求日益强烈，因此图书馆本身也要结合自身的实际情况采取相应的发展策略,采取合理、合适的方式来面对这样的变革。在原则上讲,针对一个完整的资源发现系统,不能只强调资源的拥有量,而忽略资源的整理,系统的优化,搜索方式的更新与改变。因此需要考虑系统的实际操作性,以及解决在使用过程中遇到的一些问题。正因为如此,我们对于图书馆资源发现系统的继续改进与优化仍然是很期待的。

第四节 图书馆资源与服务融合

图书馆作为人类历史、记忆、知识等的社会装置,是现阶段我国极为重视的公共资源与社会服务体系关键的组成部分。在图书馆发展的过程中,利用现代信息技术手段实现资源与服务的融合,是未来图书馆领域发展的必然趋势。本节通过对图书馆资源与服务之间联系的分析,提出二者融合的必要性观点,并对国内外图书馆资源与服务融合现状加以阐述,进而为我国图书馆资源与服务融合式发展给予可行性建议。

一、图书馆资源与服务存在必然联系

资源储备与建设是图书馆自身的一种内在发展,同时服务板块构建更加专注资源的合理利用形式创新和转换,由此可见,图书馆资源与服务存在着密不可分的联系。在资源与服务的互相作用下,无论偏向于任何一方均是狭隘与片面的表现,将为图书馆科技化、现代化发展带来严重阻碍。从宏观的角度来讲,图书馆资源与服务,二者之间的互动主要表现在三方面,即资源的共享是确保服务实效性开展的前提;服务与资源辩证属于一组辩证统一体;资源建设的最终目标便是个性化服务。

（一）资源的共享是确保服务实效性开展的前提

随着现代化信息技术的发展及"互联网+"时代的到来，用户对图书馆的利用已不再局限于本馆图书查找，图书馆与图书馆之间的交流与合作成为图书馆行业发展的全新趋势。通过资源库的共同建立与内容共享，可大幅改善单一图书馆资源规模不足，处理能力有限等问题，是图书馆服务有效开展的关键性基础保障。

（二）服务与资源辩证属于一组辩证统一体

服务与资源辩证属于一组辩证统一体，即以服务为中心，资源建设为基础。图书馆资源建设是服务有效开展的保障，服务工作的具体效果作为资源建设的评定标准可指导其更加合理地稳定发展。只有将二者相互渗透、互相贯穿，才能构建更加优质的图书馆图书、文献保障体系，进而为使用者提供完善、优质的服务内容，避免资源难以利用甚至无法利用现象的发生，减轻传统形式主义带来的危害。

（三）资源建设的最终目标便是个性化服务

个性化的图书馆服务功能立足于使用者实际需求、偏好及习惯等，图书馆应为使用人员提供针对性、全方位、立体化的高质量服务，以发挥图书馆资源利用的最大优势。个性化的图书馆服务极为强调图书馆自身与使用人员的实质性、持续性沟通，继而将使用人员需求进行精准定位。同时，在图书馆发展的过程中，现有传统服务模式已无法充分满足不同类别使用人员的差异性需求，造成大部分用户流失。因此，现阶段我国图书馆行业急需对服务模式加以个性化创新，满足使用人员对图书馆提出的高要求、新要求。由此可见，资源建设的最终目标便是个性化服务。

二、图书馆资源与服务融合的必要性分析

图书馆在加速资源与服务渗透、融合的过程中，普遍利用资源、服务集成性系统，即将系统分为统一检索、本地特色资源检索、浏览导航、扩展链接、数据提交及管理六大服务板块。以上述具体板块为基础，下分多项具体内容，包括统一检索服务功能中的商业数据库资源检索、互联网网页资源检索、OAI 收割资源检索（Open ArchivesInitiativeProtocolforMetadata Harvesting）等；本地特色资源检索服务功能中的 Rescart 数据、板块加工、网页采集数据检索等；数据提交服务功能中的互动提交服务、学术论文提交服务等。该系统针对传统图书馆运行模式的不足进行了全方位弥补。首先，随着科技水平的不断提高，图书馆在馆藏图书、文献结构方面产生较大改变，正逐渐由落后的纸质资源向数字资源发展。在此过程中，传统图书馆的缺点不断凸显，尤其是资源检索服务功能难以满足信息化资源库构建要求，缺乏高效、便捷的资源检索界面，造成使用人员在查找目标文献的过程中受到较大的阻碍。其次，在信息化时代背景下，图书馆使用人员信息查询方式发生巨大改变，更加注重多元化的网上服务，如较为常见的百度搜索引擎、搜狗搜索引擎等，此类查找服务不仅具有更高的便捷性、简单化和及时化优势，还具有丰富性、互动性等特点。然而，上述功能是传统图书馆所不具备的现实性功能。因此，新时代的图书馆必须以资源和服务的内在联系为基础，构建集成系统，实现资源内容与服务内容的有机集合，为使用人员提供更加优质、更加便捷的图书馆服务，实现图书馆文献查找的功能最大化。

在资源、服务集成性系统为图书馆使用人员提供便捷性服务的同时，图书馆管理人员应做好下述工作。首先，在资源与服务内容方面，应构

建一个系统化、规模化且覆盖面广泛的集中性搜索引擎，该引擎不但要容括图书馆内部资源，更要涵盖互联网数据库多样化资源。其次，在服务功能发展方面，应构建较为先进的高级检索平台，为图书馆使用人员针对性检索需求提供便捷性服务。再次，在传递服务方面，为实现使用人员高质量的系统应用体验感，应为其建立更加直观、简洁的操作界面。最后，在系统灵活性方面，应针对不同使用人员设计灵活性较高的个性化服务内容，通过立体化的操作满足客户差异性需求。

三、图书馆资源与服务融合模式发展现状

（一）立体式图书馆服务功能

图书馆发展的根本是为用户提供优质的服务内容，部分国外图书馆以使用人员的角度区分工作人员职能，以团队性任务进行各项工作的统筹与协调。2016年美国加利福尼亚大学洛杉矶分校（University of California，LosAngeles）开展了关于图书馆行政管理情况系统性调查，研究表明自2011年以来图书馆建设主要体现在学术交流、馆藏文献、数字计划、公共事业、管理服务、市场营销、信息技术等多个领域。与此同时，据国内相关部门调查显示，我国大部分图书馆由系统网络、综合性办公室、资源建设、信息情报等部门组成。

（二）虚拟化图书馆资源共享

在信息技术作用于各行各业的背景下，图书馆物理资源逐步向虚拟化发展。如美国苏黎世联邦理工学院（SwissFederalInstituteofTechnology Zurich）对实体图书馆的合并与减少工作，实现了实体图书馆向虚拟图书馆的成功转型，2012年将生命科学馆转型为无馆藏图书馆，馆内再无实体图书，管理员仅为客户提供咨询服务，2014年将鸟类馆与生命科学馆

合并，对鸟类馆所有图像进行信息化处理。同时，欧美、日本等发达国家大量图书馆相继建立资源共享库，通过资源库的共同建立与内容共享，进一步实现了资源与服务的相互依托、相互促进的良性循环。

四、图书馆资源与服务融合的可行性路径分析

图书馆在建设资源、服务集成性系统实际过程中，必须明确具体目标与发展方向，使包括系统设计人员、网络工程师等在内的全部参与者对系统整体有一个较为明确、清晰的认知，进而从客户角度出发，构建完善、科学的系统服务，并以目标为基本发展方向，制定合理的系统构建方法。

（一）提高资源与阅读服务的融合

图书馆的服务重点是支撑客户的资料查找与阅读，为实现资源与服务的有机融合，可为客户营造良好的学习环境。首先，应构建图书馆资源转换结构，依据多媒体信息技术优势，实现相关视频资料阅读功能，为客户提供信息化数据库服务，并通过研发、改造有声有色的多媒体电子信息资源，为图书馆发展吸引更多的客户。其次，图书馆可利用互联网在线学习、视频讲座等混合资源模式，构建网络资源阅读浏览平台，根据学科、层次的不同，将图书馆现有资源进行分类，为客户建立一个高质量的虚拟资源空间站，并利用现阶段广为流行的微信公众号、新浪微博等建立客户建议、意见反馈平台，将服务融于客户的日常生活中。最后，可利用信息整合软件，对互联网大量信息进行筛选与整合，在及时获取先进阅读资源的同时，过滤大量网络负面信息，改进资源、服务集合性系统，创建客户个人阅读网站和智能移动终端 APP，进而实现知识资源与服务的有机结合。

（二）提高资源与科研服务的融合

图书馆的资源与服务相对有限，导致大量图书馆难以高效参与到社会、学校等机构的科研工作中。现阶段，随着物联网、互联网、云计算、人工智能等信息技术的发展，使局部资源与服务融合式发展成为现实，图书馆可更高效地为科研工作提供资源和服务。例如，深圳、珠海等地区的图书馆联盟组织，以广东省图书馆为核心构建资源共享集群式网络平台，其图书资源、文献资源等融括几乎国内所有图书馆的馆藏内容，并包含大量国外著名图书馆图书内容，为自身发展奠定了良好基础和有利条件。此外，图书馆可与既定地区相关科研部门、技能部门构建专门的科研档案管理机制，进一步加强图书馆资源对科研服务的支持。例如，建立图书馆与本地科研学术内容的保存系统，完成图书馆对学术资源的储存，并将此类资源上传于互联网资源共享库，以科研资源优化科研服务，以服务促进科研资源的不断更新与完善。

综上所述，在社会主义公共资源建设的背景下，资源与服务的有机融合，为图书馆带来前所未有的发展契机。同时，资源与服务是图书馆行业发展的永恒主题，资源的丰富与扩充需要高质量、高效率的服务功能，而服务的进步需要资源的不断完善与更新。因此，资源与服务的有机融合，是提高资源利用率、加强服务功能性的有效手段，是未来图书馆行业发展的必然趋势。

第五节　数字图书馆资源推广

数字图书馆是社会文化服务的重要场所，是发展全民阅读建设的中流砥柱，但在资源推广方面存在着很大的问题。本节旨在研究数字图书馆的资源推广，分析数字图书馆在推广方面的重要性，发现存在的问题，提出解决的对策。

一、数字图书馆资源推广中存在的问题

（一）不能构建完整的图书资料推广体系

数字图书馆资源推广工作，不是第一次提出，数字图书馆自建设以来，响应国家的倡导，进行了一场"资源推广工作"，但是，就像一阵强风，来时势如破竹，走后一片狼藉。每次推广多少有一些走形式，并没有带来实质的效果，不能科学持续地发展。每次资源推广过后，又会重新陷入困境，这样的活动多了，不仅不能激发社会人群的兴趣，反而让一些对资源推广抱以厚望的人士失望。这种不合理的体系，导致了数字图书馆利用率过低。无人问津的数字图书馆，显然让资源白白浪费。数字图书馆是向整个社会宣扬知识和文化的前沿阵地，是为人民大众服务的，长期以来数字图书馆形同虚设，也引发了一系列的问题，管理人员不能获悉人民群众的阅读取向，读者不知道如何去进行阅读，这样就丧失了数字图书馆原本的意义。书籍种类不齐全，数字图书馆的阅读者当然也会随之减少，没有生机的阅读氛围，就不能发挥数字图书馆资源推广工作的目标。

（二）推广工作不能得到读者想要的结果

一个数字图书馆，要想发挥服务社会的初衷，读者是一个重要的组成部分，读者可以给数字图书馆的发展带来活力，因此，资源推广必须和读者密切联系，共同谋求发展，这样既能满足读者的阅读需求，又能让数字图书馆更好地发展。目前，数字图书馆在进行阅读推广活动时，大多把精力花在排面上，策划者为吸引更多人的关注，尽可能让场面宏大，市民也是走马灯似的来看看热闹，整个活动和资源推广关系并不大。现今的状况是资源推广的理论很多，可是难以实践，读者对图书馆数字资源了解微乎其微，更谈不上利用，数字图书馆吸引不了社会各界的注意，也发挥不了服务社会文化的作用。

（三）资源推广不能满足青年读者的需求

青年读者的求知欲是无穷的，是阅读的一个大群体，他们需要接触不同类型的读物，他们思维敏捷眼界开阔。因此，在阅读时也必然要求种类丰富，读物也要与时代接轨，要在第一时间接触新出的书刊，还得靠他们来走出坚实的第一步。做好对青年读者的服务，是数字图书馆长足发展的动力源泉，因此，数字图书馆的管理员一定要广开言路，征集他们的阅读资源需求，完善数字图书馆的基础建设，增添图书资源的种类，是当务之急。

二、解决数字图书馆资源推广所存在问题的对策

（一）构建资源推广发展的长远蓝图

全民阅读事关我国公民素质教育，阅读可以提升一个人的见识，培养一个人的修养。因此，我们要构建资源推广的宏伟蓝图，让全民阅读形成体系。未来，我们需要的是通过全民阅读，增加全民族的文化自信，让我国的社会主义建设真正走向"文明和谐"的理想社会。通过构建体系，让人们从中相互学习，相互感染，让阅读走向普通百姓的生活，提升全民的精神素养和思维能力。冰冻三尺非一日之寒，这一体系的建设不是一朝一夕能完成的，需要用制度来推动，让图书馆资源推广常态化发展，用来谋求全民阅读的长久利益。同时，数字图书馆还需要生机与活力，工作人员应当组织阅读交流，展示阅读风采等活动，让数字图书馆资源

推广有序进行。

（二）紧抓青年读者的阅读需求

数字图书馆作为社会文化场所，针对的是全体人民，但是要引起全民的重视，必须有引路人。这个引路人必须对阅读有足够需求的人。那么怎样寻找这样的读者呢？当然首选是需要渴望知识的年轻人，这些读者应该是在校的大学生，或者刚刚走上工作岗位的年轻人。因为，他们的生活中自然保留着读书人阅读的习惯。对阅读的兴趣也是广泛的。因此，馆方要抓住他们的阅读心理，在数字图书管理上引起他们的阅读兴趣，把这群生龙活虎的年轻人带入馆中，让他们成为全民阅读的引路人，对提升全民素质，将起着至关重要的作用。

（三）让读者了解数字图书馆及数字资源的内涵与使用

"书犹药也，善读之可以医愚。"数字图书馆以及数字资源的完善，能够更好地普及全民阅读。"读一本好书，就如同和一位高尚的人谈话"，读书既是对思想的启迪，也是对精神的修炼，可以让思维更加敏捷，让内心无比充实。数字图书馆作为公共服务体系的重要组成部分，要想达到教育每一位公民的目的，就应该向社会进行宣传推广，让大多数读者明白其中的意义，让人民群众自觉自愿地学习科学文化知识。那么，什么是数字图书馆，数字资源的内涵又是什么呢？数字图书馆就是一个没有围墙的图书馆，是没有时空限制的智能检索知识中心，数字图书馆通过数字技术来处理、存储各种图文并茂的文献，通过多媒体制作的信息系统，把各种不同载体、不同地理位置的信息资源用数字技术存贮，以便传播。通过对信息资源加工、存储、检索、传输和利用，数字图书馆把图书文献分层次地储存，通过虚拟的网络技术，基于网络环境创造了共建共享的可扩展的知识网络系统，从而把数字资源更好地分享给读者。

综上所述，数字图书馆资源推广是服务社会广大人群的公益性文化宣传，是带动全民阅读的重要力量，为社会文明建设提供无尽的图书资源。这种服务于全社会的文化教育推广，对我国的文化建设发挥着举足轻重的作用，具有重大意义，也肩负着重要而崇高的责任。它可以让公民无时无刻不享受到知识的熏陶，可以让一个人实现自主学习，终身学习的目标。因此，我们更应该做好数字图书馆资源推广活动，让推广长期存在，引领更多读者，早日实现全民阅读的宏伟目标。让每一个人的心灵在沉静阅读时得到净化。

第六节　图书馆资源建设与读者服务

随着社会的不断发展，人们的生活水平有了较大程度的提高，同时也有了更强烈的精神需求。图书馆不仅能够满足人们的学习需要，也能满足人们的休闲需要，图书馆中的资料，主要是为了给人们的阅读带来便利，而图书只有被充分利用的状况下，才能使其作用得到充分发挥，因此图书馆在发展过程中，需要做好资源建设，为读者提供更满意的服务。除此之外，也需要做好读者服务分析，了解读者实际诉求，进而实现工作质量和效率的提高。

图书馆是人们获取资源与信息的重要方式，越来越多的人为了实现自我提升，适应社会发展需要，走进图书馆。而在这种状况下，对图书馆的资源建设、服务职能也有了更高要求。但是传统服务与管理机制已经逐渐老化，作为重要的服务机构，图书馆需要对自身服务体系进行完善与构建。在具体实施过程中，可以从资源建设与读者服务两方面进行。

一、图书馆资源建设的主要内容

（一）材料资源建设

图书馆职能的发挥在很大程度上受藏书资源、服务质量的影响，因此图书馆在发展过程中，需要使其藏书规模不断扩大，进而使其职能得到充分发挥。在进行规模扩建时，需要充分考虑到图书馆是一个社会公共服务机构，对社会数据的实际分析，会对其服务职能的发挥产生重要影响，因此在对图书馆资源进行建设的过程中，需要使图书材料资源得到合理配置。同时需要在原有管理理念基础之上进行创新，使资源整体框架保持平衡。而在建设时，可以将不同区域、领域以及体系等作为载体，推进图书馆资源的现代化构建，确保资源管理系统不会出现重建问题，促进图书馆的社会职能充分发挥。为了满足读者对图书馆图书资源的满足，就需要积极传统图书资源建设理念。并且以宏观调控为出发点，对图书馆资源进行规划、整合，使工作人员在实际工作中保持优良作风。除此之外，图书馆资源建设也可以将当地文化资源特点融合进去，实现对馆藏资源的不断开发。

（二）人才资源建设

人才是时代竞争的关键，同样图书馆发展也需要依赖人才。因此在对工作人员进行培训时，需要使其牢记以人为本的工作理念。同时人才资源建设不仅需要考虑到图书馆本身，也需要考虑到读者的实际需求，认识到工作人员采用怎样的方式能够调动读者的能动意识。从某种程度上讲，读者是图书馆的主人，读者积极参与到图书馆服务管理中，才能有效将二者之间的距离缩短，工作效率才能得到明显提升，读者也会对图书馆有更高的满意度。因此图书馆在进行资源建设过程中，需要挖掘读者中的智力人才，让他们能够加入图书馆建设中，说出自身对图书馆未来发展的想法、观点。通过这种互动的方式，能够使图书馆建设更好地落到实处，提高读者对图书馆的满意程度。

（三）信息资源建设

随着科技的不断发展，互联网逐渐普及，图书馆建设也在一定程度上受到了影响，数字化图书馆的建设势必会成为今后发展的趋势，在数字化的影响下，读者能够明显感受到速度与便捷。因此图书馆在建设过程中，需要注重对信息资源的开发，认识到人们当前对图书的需求已经不局限于文献，而是更重视信息的实效性，文献更多被视为一种载体。为了适应这一时代发展趋势，图书馆需要摆脱原本提供文献的方式，实现由静态到动态的转变，将信息以动态化的形式传递给读者。为了使这项工作得以顺利实施，首先，需要做好文献和数字化资源的衔接。其次需要将文献内容转化为电子形式，在具体实施时，图书馆可以和相关公司进行洽谈，将价值较高的文献上传到网络上，或者是将其制作成光盘。而在此过程中，需要避免虚假和多余信息的影响，使信息资源建设更可靠、全面。

（四）基础设施建设

图书基础设施建设是图书馆实现充分发展的物质保障，因此在这一过程中，需要避免以下问题。首先，不能对建筑规模过于追求，要考虑到图书馆的实用性、功能性，做好基础设施建设，要重视长远利益，不能在发展过程中只考虑经济利益，和图书馆建设的初衷背道而驰。同时在进行基础设施建设时，要充分考虑当地的实际情况，并且在此基础之上，进行合理规划，使基础设施建设在图书馆中的作用得到充分发挥。除此之外，在信息技术的影响下，图书馆也需要注重对基础设施建设的更新，进而使读者在使用过程中得到更好的服务。

二、图书馆读者服务策略

（一）深刻认识读者服务工作

读者服务是图书馆工作中的重要组成部分，服务质量与图书室实际工作效率紧密相关，书目的制作以及图书室丰富的藏书，都是为了给读者提供优质服务。虽然区域和区域之间的图书室在服务对象、建设内容上有一定不同，但是读者服务质量是工作人员工作质量的衡量标准，总体来讲，图书馆获得读者的满意程度越高，其社会功能就得到了越好的发挥。

（二）更新读者服务理念

在实际工作中，工作人员需要注重自身工作理念的转变，使自身理念更超前，读者的实际需求得到充分满足，这也是图书馆更好实现服务的前提与保证。而这种工作理念可以通过多个环节体现。首先，在资料管理上，要实现开放性服务，使服务内容与方式更全面。其次，在制度上，需要实施开放性的服务，注重对图书馆工作人员的相关教育，使其在为读者提供服务时，树立创新意识。就当前社会发展情况来讲，读者与读者之间存在较大差异性，可变性也较强，因此服务观念的转变十分必要，这样才能将图书馆服务第一的观念充分体现出来，提升图书馆的实际服务质量，更好实现图书馆制定的服务目标。

（三）创新读者服务内容

在传统图书馆服务模式中，主要是为读者提供相应的纸质资料。但是随着社会的不断发展，图书馆服务工作在不断发生转变，服务意识越来越受到重视。读者的需要已经不仅局限在对几个文献的查找上，而是想自己查阅资料，在资料中获取更有效的信息，体现出资料的实效性。而在此过程中，需要工作人员注意整合、组织工作的实施，将文献中蕴含的内容与知识点和现代基础设施充分结合在一起，进而使图书资料中的内容更清晰、完善的呈现出来，读者在较短时间内就能获得自己想要的资料内容，在查找时更高效。

（四）明确读者服务与资料管理之间的联系

好的管理制度能够起到对图书馆的保护作用，也能使文献资源得到更好的利用，同时读者在使用图书时，也能严格按照规章制度进行。但是相关工作人员需要意识到，规章制度的制定是为了更好地为读者服务，为读者带来方便。因此在制度制定、实施以及管理的过程中，应该严格贯彻这一宗旨。制度的制定不能限制到读者的阅读，而应该成为促进读者阅读的重要工具。在具体实施时，可以从以下几方面进行。首先，规章制度在具体实施时，应该有一定余地，使其具有一定的灵活性，不能太过死板。其次需要明确规章制度在管理工作中实行的主要目的是发现问题和解决问题。最后，当规章制度和读者的实际需求发生矛盾时，不能为了保证规章制度的实施，对读者设限。总体来讲，管理与读者服务之间的统一，主要目的是使读者在使用图书馆时，获得更优质的服务。

（五）利用大数据对读者实际需要进行分析

对读者日常需要的分析，能够使工作人员在日常工作中为读者提供更优质的服务。随着互联网的不断发展，大数据逐渐被运用于各个行业中，在图书馆资源建设过程中，可以加强对大数据的利用，利用大数据的便利，对读者的喜好、需求以及日常经常浏览的内容进行分析，这样工作人员在实际工作中，就能根据读者实际需求的不同，为其提供针对性服务，进而使读者在接受服务时，能够获得更强烈的满足感。而在具体使用时，由于大数据涉及的信息量较大，类型较多，结构相对复杂，在实际分析过程中会产生较多的资源消耗，增加分析成本、难度，因此为了尽量避免这一问题的产生，在使用大数据进行分析之前，可以先对其进行规范化处理，促进数据可靠性的提升，使其在后期使用的成本、周期都有所下降。而为了尽量避免误差的产生，需要对误差进行控制，将误差限定在一定范围内。同时在对图书馆读者进行分析的过程中，其行为会涉及大量数据，这就需要分析系统有较高性能。一方面在分析时，需要严格按照标准与流程，保证系统有大量板块进行储存，促进服务的不断进步，进而为读者打造相对个性化的服务。数据的价值性、全面性质在一定程度上决定了最终结果的准确性，因此在利用大数据进行分析时，要重点突出其全面性质和准确性。通过对大数据的使用，能够实现对读者的精确定位，使图书馆服务取得更好的效果。

综上所述，在科技不断发展的背景下，信息技术被广泛运用在各个领域，图书馆在建设和发展过程中，需要顺应时代发展的主要趋势，做到与时俱进，在维持图书馆原有服务管理功能的同时，也要积极对其进行创新，并且将二者充分结合在一起，使读者在安静、舒适的环境中，获得便捷服务。而在具体实施时，需要工作人员在做好图书馆资源建设的同时，重视读者服务工作，为读者提供更加满意的服务，进而促进图书馆的不断发展。

第七节　公共图书馆资源开发的创新

当今，信息社会的发展离不开对资源的开发与利用。公共图书馆通过整合和加工大量馆藏信息资源，最大程度地开发其价值，将其转化为能够为人所用的知识，并引导和促进公众对信息资源的访问和利用。目前，我国公共图书馆对资源开发利用还不够充分，存在形式单一，缺乏创新意识等问题，需要及时推陈出新，将信息资源开发与技术和服务的创新有机结合。本节将选取五个典型的公共图书馆资源开发利用案例，分析其创新之处，以期为今后公共图书馆的资源开发利用提供借鉴。

一、上海图书馆开放数据应用开发竞赛

申报机构：上海图书馆（上海科学技术情报研究所）

开放数据已经成为大数据时代互联网发展的新趋势。上海图书馆（以下简称"上图"）不断尝试和探索新的开放数据服务形式，分别于 2016 年 3 至 7 月、2017 年 4 至 10 月举办了开放数据应用开发竞赛展。比赛以家谱、名人手稿与档案为主题，以上图的开放数据为基础，面向全社会广泛地征集优秀移动应用产品原型或服务创意，以期更加充分地释放开放数据的价值，最大程度挖掘数据的应用潜力。

竞赛开放的数据内容包括上海图书馆馆藏 5 万余种家谱文献信息和内容信息，24 万余种手稿及档案的元数据，另有中国历史纪年表与公元纪年对照数据服务等，并提供 SPARQLEndpoint、RsetfulAPI 和 HTTPURI 三种标准化、规范化的关联数据消费技术开放应用程序接口。竞赛邀请相关领域专家及用户，分别从创新性、可行性、技术含量、交互体验、开放数据利用程度等五个维度对参赛作品进行评审，每年评选出一等奖 1 名，二等奖 2 名，入围奖 5 名，2017 年增设最佳人气奖 1 名，人气奖 7 名，同时以竞赛展和分享会的方式，向社会宣传竞赛活动、获奖作品的创意与应用价值，分享参赛团队的经验及收获，感谢参赛团队的参与。

竞赛活动是上图在国内图书界首创的开放数据尝试，具有重要的实践

意义，体现了数字网络服务环境下公共图书馆在资源开发利用与数据开放上的探索与尝试，其主要创新点包括以下两方面。

（1）数据价值高、开放程度高。上图 2016 年和 2017 年开放数据竞赛的内容分别是家谱和名人手稿及档案。其中，家谱是上图的特色馆藏，内容丰富，数量为国内之最；名人手稿及档案时间跨度从 19 世纪初至 20 世纪末，是研究近代史的重要文献资源。

这些开放数据采用知识共享许可协议，在公共领域以署名 - 非商业性使用—相同方式共享（CCBY-NC-SA）许可授权。开放数据所采用的 RDF 数据抽象模型及其各种序列化格式如 RDF/XML、Turtle、JSON-LD 等是万维网联盟 W3C 推荐的开放数据标准格式，在数据的格式类型和语义 Web 标准的应用上达到万维网发明者蒂姆伯纳斯李（TimBerners-Lee）提出的五星评价体系中的最高星级标准，符合万维网联盟 W3C 倡导的开放数据结构化、关联化的发展方向。

（2）"四位一体"的推广模式。为了让社会大众更深入地了解开放数据及其价值，进一步挖掘开放数据的应用潜力，上图以举办开放数据竞赛为契机，举办了专业的开放数据技术培训，在竞赛展览期间举行竞赛分享会，并在竞赛结束后举办为期一周的竞赛展览，形成了开放数据竞赛、技术培训、竞赛分享会、竞赛展览"四位一体"的开放数据服务推广模式。该模式吸引了大批专业团队关注和参与竞赛，同时也向公众宣传和推广了其开放数据服务。

二、独墅湖图书馆基于情报服务搭建区域价值网络

申报机构：苏州工业园区独墅湖图书馆

独墅湖图书馆位于苏州工业园区，这里有 20 余个国家级创新基地、

450个各类研发机构、数千家企业，已形成多个创新集群，多年来涌入了大量的高端人才。这些企业、机构和人才每天都会产生大量的信息需求，且信息需求的内容在不断深化。传统的图书借阅、文献传递、科技查新等服务已难以完全满足用户的需求。独墅湖图书馆不断探索创新，优化服务内容，以快速、积极、准确地为用户提供信息服务，助力区域经济发展。该馆充分利用区位优势，通过整合苏州工业园区政府、企业、人才的信息服务需求，构建创新的开放式信息服务生态系统。该系统以情报服务为中心，提供多领域细分行业咨询报告、舆情监测简报、技术专利分析报告、人才评估与培训等情报服务模块，直接链接相关政府部门、企业与人才，搭建起区域信息情报价值网络。目前，该馆提供的情报服务分为人才服务、企业服务和政府服务三大部分。

（1）"湿营销＋社区"的人才服务模式。该模式强调受众作为信息服务的接收者，同时也是信息服务的传播者，以缩短知识发现的"睡美人"时间。独墅湖图书馆通过定期举办知识产权、信息素养、研发管理、标准化等主题沙龙、专题培训，以及通过网络途径定期为相关科技人才推送各类学习材料，形成人才交流汇聚的"家平台"。该平台当前主要提供政策服务、能力提升、交流互动和生活服务四方面的内容，从工作到生活，提供较为全面的人才社区化管理服务。

（2）"横向＋纵向"的企业细分服务模式。该模式从行业类型、企业生命周期阶段两个维度对企业情报服务需求进行细分，从而有效做到"精准"服务，将情报服务嵌入企业开放创新活动中。在为企业提供具体情报服务过程中，针对不同行业，以及处于不同发展阶段的企业的情报需求，有针对性地设置跨部门的知识服务小组，吸纳具有各种专业背景的人才，然后收集整理情报，形成可靠性高、专业性强的知识产品，给企业提供集调研、收集、整理、分析、决策于一体的一站式信息服务。服务的内容上，从传统的文献借阅、原文传递、代查代检扩展到定题服务、科技查新、舆情监测、政策梳理、专利分析、竞争情报、行业数据、市场趋势等增值服务，同时提供定制化自由组合模块，满足企业需求。

（3）"宏观整合＋决策辅助"的政府服务模式。该馆利用自身资源整合的优势，建立面向人才、企业、政府的三大服务模式，搭建起区域经济发展的价值网络，打造了"独墅一智"和"金鸡湖智库"品牌。前者是新媒体品牌，主要提供及时、深入和观点独特的行业热点专业咨询分析，以吸引用户关注，增加用户黏性。后者以"合作、聚集、创新"为发展理念，立足苏州工业园区，聚集园区重点产业、企业、人才资源，提供包括宏观政策支撑、重点产业发展、企业咨询服务、人才发展研究的顶层解决方案。通过品牌力量，独墅湖图书馆将进一步深入推广情报服务模式与内容，搭建起情报服务专业平台，实现人工智能化的定制服务，反哺区域经济发展。

三、浙江文化通——公共数字文化云平台

申报机构：浙江图书馆

浙江文化通是由浙江图书馆（全国文化信息资源共享工程浙江省分中心）研发的浙江省公共数字文化云平台，是国家公共文化数字支撑平台特色应用之一。该平台于2013年11月22日正式开通上线，2017年11月完成三期开发，开启了浙江省公共数字文化的移动服务新时代。

浙江文化通利用元数据整合技术，对馆藏的优秀文化资源进行整合和开发利用。它基于移动互联网，通过智能手机、iPad等移动终端设备和微信公众号，实现文化机构、文化资讯和数字阅读的互联互通，体现了

整合、共享、即时的特性。该平台汇聚了浙江全省的公共图书馆、博物馆、文化馆、美术馆、科技馆、影剧院等公共文化单位举办的讲座、展览、活动、演出等文化信息，同时，还专门配置了适合移动终端阅读的专用电子资源，并为公众提供文化资讯预告和数字阅读、图书查询等公益服务。该服务的主要创新之处有以下几点。

（1）实现一站式服务。作为基于"互联网＋"的公共数字文化服务移动供给平台，浙江文化通由浙江图书馆解决版权问题，应用元数据整合技术对电子图书、电子期刊、报纸、论文、专利等各类数字资源进行全面整合，并在移动终端上实现资源的一站式搜索和服务导航。同时，该平台打破信息壁垒，除公共图书馆外，还整合了博物馆、美术馆等其他公共文化机构及提供公共文化服务单位的文化资讯，并在移动终端实现资讯和活动信息的一站式推送。此外，该平台还接入了云共享服务，提供图书、期刊的全文阅读和 24 小时云图书馆文献传递，以及馆藏纸质书籍的查询和在线预约服务。

（2）打通资源供给的最后一公里。浙江文化通通过移动终端提供服务，体现了文化服务的公益性、公平性和公开性。用户使用移动终端，可随时随地享受均等、免费的数字文化服务，打通了资源供给服务的最后一公里。同时，平台可根据用户的登录信息有针对性地推荐资源和服务，满足用户的个性化需求。

（3）线上线下综合推广。自开通以来，浙江文化通在各种渠道开展系列宣传推广活动，在扩大影响力的同时，也让更多的人享受到了便利获取数字文化的服务，更好地发挥了信息资源的价值。

线下推广的主要形式为丰富多彩的活动，包括讲座培训、安装体验有礼、趣味互动等。2016 年，结合浙江省文化共享工程走进农村文化礼堂活动,浙江文化通服务渐渐走入农村,并通过基层数字阅读推广人培训等形式,提升了基层用户的黏度。此外,平台还在公共交通点进行推广。2014年,浙江文化通在杭州市中心繁华路段的一些公交站点,设置宣传广告牌;2017年,在地铁2号线开通"彩虹悦读"专列,在站台放置文化通宣传大屏机。

线上则通过数字阅读推荐引导用户关注,并通过主流媒体进行宣传。浙江电视台于2013年12月9日在浙江新闻联播时段头条播报了"浙江文化通"开通的消息。2015年,平台与腾讯大浙网合作开展宣传推广。2016年7月,现代公共文化服务体系建设媒体浙江行采访活动来到浙江图书馆,新华社、中国网、浙江日报、钱江晚报、浙江之声等媒体记者对"浙江文化通"进行了采访。这些宣传让更多用户接触和了解了该平台,并为数字文化资源服务平台的宣传推广提供了借鉴。

四、"童阅乌托邦"少儿公益活动项目

申报机构:辽宁省图书馆

2013年,辽宁图书馆(以下简称"辽图")正式成立少儿部,2015年创立了"童阅乌托邦"少儿公益活动项目品牌。该项目主题由指间创意阅读、四维绘本阅读、辽图国学坊、玩具总动员及幼儿戏剧游戏五项在周末举行的常规活动组成,同时根据活动主题与读者需求,适时举办少儿阅读推荐、少儿主题展览与讲座、少儿公益演出等其他活动。活动采用读者预约报名的方式进行,均属于公益性质,不收取任何费用,由辽图少儿部工作人员与志愿者共同筹备组织。该活动项目的主要创新点有三方面。

(1)活动形式的创新。除了常规的少儿阅读活动,还增设幼儿戏剧

游戏，以新颖的活动形式充分调动孩子的想象力，锻炼孩子理解、表达等多方面的能力。同时，根据活动主题与读者需求，推出"童阅乌托邦"圣诞大集合、"童阅乌托邦"元旦和春节文化集市等活动项目。此外，将微雕塑、沙画、书法等艺术形式融入阅读中去，让孩子在动手的过程中多元地感受阅读。开展科普活动课，并通过四旋翼航模制作、3D打印等活动培养孩子的阅读兴趣与创造力。

（2）整合电子资源。随着科学技术的不断发展，少年儿童的生活越来越离不开数字资源，有的社会学家更是将当代的少年儿童称作"网络原住民"。一味地阻止少年儿童接触数字产品、网络电子设备，不仅不能疏导少年儿童对网络世界的好奇，反而有可能影响他们对未来社会、生活的适应能力。为解决目前少年儿童网络资源良莠不齐的问题，辽图少儿部充分整合馆内优质的少儿数字资源，并引导少儿读者正确使用数字产品和电子设备，为少儿读者提供精品数字阅读资源。

（3）树立品牌推广意识。在开展各项活动的过程中，辽图使用带有"童阅乌托邦"品牌LOGO的海报、展架、宣传手册等宣传用品，对品牌进行全方面宣传推广，在扩大社会影响力的同时，注重提高业内的知名度。辽宁省图书馆学会刊物《图书馆界》对品牌项目进行过多次书面报道，积极分享其实践案例和创新理念。除了传统媒体外，辽图还通过新媒体进行品牌营销推广，与网易新闻合作创建以辽图"少儿天地"为名的自媒体宣传栏目，对图书馆的少儿活动第一时间进行报道，并对两次大型活动进行了现场直播，效果显著。这样的尝试为阅读推广开拓了新的路径。此外，辽图少儿部还有3个少儿阅读推广QQ群，每次活动结束后将活动图片上传群相册，家长在群内交流讨论，并通过社交平台转发，自发宣传公益活动品牌，取得了良好的社会效应和口碑。

五、哈尔滨市图书馆"一书·一城"创新案例

申报机构：哈尔滨市图书馆

哈尔滨市图书馆阅读推广品牌活动"一书·一城"由中共哈尔滨市委宣传部、哈尔滨市文广新局主办，哈尔滨市图书馆承办，至今已经成功举办六期活动。该活动以"悦读一本书恋上一座城"为主题，挖掘地方作者的地方文献作品，以讲座、评论、推介、表演、观众提问等多种方式对图书及图书中的内容进行解读，让读者通过地方文献去探寻哈尔滨这座古老的城市，深入了解这座城市的历史和文化，从而爱上阅读。该活动的创新点主要包括三方面。

（1）关注本土作家和地方文献。每期现场活动前做嘉宾采访并专门摄录他们的口述内容，作为"真人图书""口述历史"的珍贵资料留存。活动内容从阅读本土作者本土作品的视角出发，分为俯瞰哈尔滨、建筑设计、艺术生活、人文历史、城市历史、红色党史、异域文化、地域风情、音乐艺术、美食生活等与哈尔滨市息息相关的各种文献记忆。同时，将每期邀请到的本土作家及其作品纳入哈尔滨市图书馆"哈尔滨本土作家库"和"地方文献馆藏库"。哈尔滨市图书馆作为文化阵地的重要载体，一直以地域文化传播为己任，收集特色地方文献，有利于弘扬哈尔滨城市文化，激发地方作家创作热情，鼓励更多优秀地方文化作品的出现。

（2）打造全方位、专业化的阅读推广队伍。活动受到社会各界的广泛关注，六期活动参与分享嘉宾共 36 人，线上泛读活动覆盖人次 3000 多人、现场参与活动人数近 1000 人。每期活动都有前期宣传和后期总结报道，当地电台、电视台、报纸等媒体先后报道二十余次，其中《生活报》与此项活动签约。中国知网作为公益支持，将所有活动内容加工成数据

库。活动还吸引了大批大学生志愿者参与和奉献，各方力量形成了阅读推广活动的合力。图书馆方面则通过策划选题、征集名称、多渠道宣传、邀请本土作家、组织相关人员和精准受众读者等活动的开展，形成一支更加专业化的人才队伍，夯实了图书馆业务工作，更好地发挥了图书馆的社会功能。

（3）多种参与渠道。除了现场参与的方式之外，活动与中国知网建立"一书·一城"项目技术战略合作，运用数字技术，让读者可以通过互联网检索下载活动文字、音频和视频等内容，以推广哈尔滨地域文化，激发读者对地方文献的兴趣。活动加工整理出来的图文和视频等数字文献将展示在哈尔滨市图书馆网站和微信公众平台，并通过二维码推广到地铁站、机场、区县图书馆、社区图书馆、文化志愿者站等，让读者可以通过多种渠道参与活动。

图书馆集中了大量资源，除了传统的存储资源的职能，在当今信息社会，图书馆更应当肩负其资源开发的重任，发挥其服务功能，成为资源开发利用的主导者。资源的开发是一个筛选、整合、挖掘的过程，图书馆应发挥其自身的设备、技术、人才优势，针对用户需求，转变思路，以创新驱动发展，进一步提升资源的利用率，充分发挥新时代公共图书馆推广阅读、传播信息的作用。

第二章　现代图书馆资源建设

第一节　全媒体时代图书馆资源建设

随着技术的发展，图书馆资源建设的成果形式也变得丰富多样，本节分析了全媒体时代的各种资源建设成果形式，同时以湖北省图书馆为例，讲述了创新服务举措，推广资源成果的实际案例。

资源建设是公共数字文化建设的基础性工作，也是公共文化服务体系建设的重要内容。在全媒体时代，科学技术迅猛发展，互联网速不断提高，资源建设的形式正在发生一系列变化，不再局限于简单的数字化加工，资源建设的成果也变得丰富多样。在资源建设的实践中，推广地方资源建设成果，深入实施文化惠民工程，让广大群众都能享受到文化惠民的成果，是资源建设工作的重要任务。

一、全媒体时代的资源建设成果

近年来，图书馆资源建设已经从纸质资源为主转向以数字资源为主，在全媒体时代，除了文字和图片，声音、视频、3D 动画等都能作为资源建设的表现手段，只有利用广播、电视、网站等不同媒体将资源建设成果进行推广传播，才能实现用户从多终端接收各类文化信息。

（一）功能强大的多媒体资源库

图书馆的资源库建设已经从简单的文字、图片扫描加工发展到以文字、图片、音频、视频的形式多角度展示特色资源的多媒体资源库。数据量大、数据表现形式多样、应用全文检索、用户体验良好是多媒体资源库的显著特点。利用大容量的存储设备、智能高效的服务器、功能完备的网络内容管理平台及全文检索系统，多媒体资源库能够很好地将各类型资源数据集中整合在一起，是图书馆资源建设重要的成果形式之一。图书馆的大型历史文化、民俗文化类、地域文化等专题文化类资源适合建设成多媒体资源库。

（二）特色鲜明的文化专题片

图书馆的专题片资源建设是以视频为媒介，以馆藏地方文献资料为基础，通过优美的语言，精致的画面，在三十分钟的时间里翔实介绍某个专题发生的时代背景和相关知识。专题片是当前使用率较高的一种文化传播方式，它将一些晦涩难懂的地方资料转化成清晰流畅的视频画面，用通俗易懂的语言表达深刻的内容。图书馆的非物质遗产类、戏曲类、建筑文物类资源都适宜采用专题片的形式来建设。

（三）传承文化的数字动漫

动漫是现在中国最炙手可热的文化行业之一，它是一种艺术创作和休闲娱乐方式，更是一种文化传播媒介，它将漫画动态化，是一种全新的阅读体验，对青少年群体有天然的吸引力。全国公共文化发展中心于2015年正式启动了红色历史动漫项目，设计制作了24部红色历史动漫作品。2016年各省图书馆相继启动本省的动漫项目，《红色历史动漫》和《戏曲动漫》从青少年的视角出发，用生动的人物形象和故事，充分展示中国的红色文化和传统戏曲文化。

（四）微学习模式的互动平台

全媒体时代人们已不仅仅满足于通过简单的页面浏览，视频观看来获取资源，随着 VR 虚拟现实技术的快速发展，在资源建设过程中应用 VR 技术的互动平台成为一种全新的学习体验。互动平台利用先进技术呈现方式，以独特的内容、多平台的方式，激发学习动机，能将视听体验带到一个新的高度。近年来，已完成的互动平台资源建设项目有福建省图书馆的《互联网＋福建文化艺术数字资源库》、湖北省图书馆的《互联网全民健身互动平台之武当武术》、江西省图书馆的《陶瓷文化艺术互动学习体验库》等。湖北省图书馆的互动平台以武当武术作为建设主体，该项目制作集 VR 视频学习、慕课教学、360 度全方位 3D 实景漫游、游戏互动、交流点评等模块，符合用户在线学习、传播推广，适合全媒体时代的用户通过 PC 端，手机，电视等多终端参与互动学习，增强学习体验。

二、"建""用"结合提升资源服务水平

在图书馆资源项目的建设过程中，只有将"建"和"用"结合起来，培育服务品牌，创新服务举措，才能提高资源服务效能。下面以湖北省图书馆为例，探讨资源建设成果在实践中的推广应用。

（一）培育服务品牌带动资源成果推广

1. 长江讲坛

湖北省图书馆 2013 年推出大型公益讲座品牌"长江讲坛"，以湖北经济、政治、文化、社会、生态为主线，关注社会焦点热点问题。每场讲座邀请国内外知名专家学者讲授，每次一个专题，全年共约 70 场。自 2013 年 3 月开办以来，已举办近 500 场，现场听众达到 4.5 万人次 / 年。杨叔子、易中天、周国平、傅佩荣、郦波等名家都曾做客讲坛。讲坛视

频由湖北省图书馆、湖北电视台共同现场录制，湖北电视台教育频道双休日下午播出。长江讲坛专题资源库每周更新，包含讲座视频、现场照片、主讲人介绍、新闻报道等各种信息，发布在官网及"长江讲坛"APP供读者随时点播。其中香港浸会大学中医药学院赵中振教授2018年5月讲授的《李时珍与本草纲目》网上点击观看达到7626次。

2. 全省公共数字文化惠民月

湖北省"公共数字文化惠民月"品牌2014年推出，利用现有数字文化服务平台，宣传展示全省数字文化建设成果，旨在推动公共数字文化惠民项目与群众文化需求有效对接。2014年首届公共数字文化惠民月以"数字创意生活"为主题，开展了数字图书馆体验、湖北数字图书馆成果展、全国公共数字文化建设成果展、全省数字文化网络知识竞赛等系列活动。2018年的惠民月活动以"精准扶贫文化惠民"为主题，在省内的阳新、襄阳、京山、团风等地的乡镇文化站、福利院、学校、社区开展基层公共数字文化服务推广等系列活动。活动现场以资源建设成果展览、资源配发、现场互动体验等形式，调动广大基层群众参与的积极性和创造性，以群众文化活动带动数字资源建设，推广公共数字文化服务。

3. 童之趣少儿读书节

"童之趣少儿读书节"是湖北省图书馆2003年创建的少儿阅读推广品牌，迄今已举办了十五届。它以弘扬荆楚文化特色为主线，每年一个目标，开展各种少儿读书活动，每年参与人数20余万人。2018年的少儿读书节开展了"放飞梦想——湖北·意大利·匈牙利国际少年画展"征集活动，短短一个多月收到来自全省公共图书馆40余家单位和个人提交少儿画作共计1150余幅，最终选出120幅优秀作品在意大利和匈牙利展出。

（二）线上线下结合推广服务创新

1.线上微信推广

2017年5月开始，湖北省图书馆推出荆楚特色文化的微信推广专题，将历年来资源建设成果归纳成荆楚史话、楚天揽胜、凤舞九天、楚地民俗、文化传播5大主题，每天精选一个主题的资源内容重新编辑成资源简介在湖北省图书馆微信上发布，同时以阅读原文的形式跳转到资源库阅读完整的图文及视频类资源内容。适合手机阅读的H5页面也正在改版中，通过微信推广，提高了已发布的各资源库点击量，方便快捷地将资源成果推介给广大群众。

2.线下互动体验

除了线上的推广活动，湖北省图书馆线下的资源推广活动重点在互动体验上，增加用户的参与度。互动平台武当武术项目的推广利用馆内数字阅读区的一台大屏，将互动平台项目的微视频500分钟、动画游戏15部、慕课300分钟、VR500分钟、306度全方位实景漫游、互动练习1套全部展示在大屏上供用户点击使用。同时用红外体感摄像头记录用户跟随慕课视频学习武当武术的影像，并与原视频进行比对，打分，增强用户的学习兴趣。

三、对资源建设和推广服务的思考与建议

（一）资源建设和推广中存在的问题

近年来，图书馆在资源建设和推广中取得了一定的成绩，但是仍然存在一些问题和不足，主要体现在以下两方面：首先是资源吸引力不够的问题。近年来图书馆资源建设的选题和立项以地方资源的保护与传承为主，优先选择地方特色的资源，从专业的角度谈文化保护，从艺术的

角度看文化传承。如各种红色历史文化、文化访谈录、历史名人、各种古村落、民间艺术等主题的资源建设，主题和内容严肃，表现形式单一，普通群众对这类资源兴趣不大，资源建设成果的网络点击率始终不高。

其次是资源的成果形式不够丰富。图书馆的资源建设成果大部分还是多媒体资源库和文化专题片，少量的动漫和慕课。在全媒体时代，3D技术、5G网络迅猛发展，移动终端占据了人们的工作和生活，极大地改变了人们的信息接收方式。传统的资源建设成果无法在移动终端上实现快速便捷的传播，限制了资源成果的推广使用。

（二）改进建设方式，创新服务举措的建议

1. 以需求为导向进行选题立项

资源建设的目的是传播和传承文化，是要让广大群众享受到文化的乐趣，感受到文化的力量。我们在选题立项的环节，除了听取专家的意见，站在文化传承的角度，还要站在群众的角度考虑问题，在群众身边寻找选题。选题立项确定以后，与馆藏地方文献相结合，与群众需求相结合，建设出群众喜闻乐见的文化资源产品。

2. 增加适应全媒体环境的资源形式

全媒体时代，人们工作、学习、娱乐的方式都发生了重大变化，资源建设成果形式也要向快捷、可视、互动、片段化的形态发展。更多地推出10分钟以内的微视频、微音频、微课堂、听书作品等成果形态，辅之以互动游戏、闯关答题、积分获奖等形式增加用户和资源之间的联系，让文化的传承和传播落到实处。

3. 创新服务举措联合社会力量参与推广服务

资源成果的推广应用是现代公共文化服务体系建设的重要内容，图书馆局限于人员和技术，在推广应用的深度和广度上是有限的。图书馆除

了在馆内进行常规性的线上线下推广活动，还要广泛开展社会合作，与社会各单位优势互补，借助其他单位大型活动平台，将图书馆的资源建设成果穿插在一起，针对不同的社会人群开展不同的推广活动，使得数字资源推广更具备主动性。

第二节　新媒体图书馆资源建设

本节先对新媒体时代下图书馆资源建设的意义进行分析，然后在优化馆藏结构、建设新媒体阅读平台等相关基础上，详细分析与阐述新媒体时代下图书馆资源建设措施。

在网络技术与信息技术的发展之下，新媒体时代已经到来，新媒体的出现让人们的学习、生活与工作方式都出现了一定的变化。图书馆是一种收集、整理和收藏图书资料提供给人阅览的公共机构，在新媒体时代下，图书馆的建设不仅有更多的机遇，同时也面临着一定的挑战。资源建设是图书馆发展中的重要工作，在新媒体时代下，图书馆需要做好资源建设工作，才能够满足大众的阅读需求，符合大众在新媒体时代下的阅读习惯，在此基础上促使图书馆事业的稳定发展。

一、新媒体时代下图书馆资源建设意义

在新媒体时代下，新媒体技术正以快速的发展创新传统信息交流方式，新媒体技术，以其交互性、分众性、低成本等特点，为公共图书馆进行公共服务，开展各种知识和信息的宣传提供了优质的交流平台。在新媒体时代下，图书馆不但具备了发展机遇，同时也面临着以下挑战：其一是弱化了图书馆资源库的功能，图书馆从存在以来一直是文化信息的保存机构，是大众获得信息的关键来源。但是在网络技术发展之下，

搜索引擎作为新媒体服务的一部分，其逐渐成了大众获得信息的关键渠道，取代了图书馆信息资源服务地位。在新媒体时代下，大众查询信息时有了更多选择，所以弱化了图书馆的信息资源库功能；其二是降低用户对图书馆的依赖性，在新媒体时代下，大众获得信息的方式更多，因为可以经过网络平台获得需要的资源信息，所以图书馆不是大众唯一获得信息的选择。在这种情况下，为了促使图书馆事业的发展，就需要在新媒体技术的基础上，加强对资源的建设，在开展各种公共服务时使用新媒体技术宣传，资源建设内容要更有新意，建设的形式也要更加多样化，要能够满足大众对阅读的需求和习惯，在此基础上丰富图书馆的资源，促使图书馆事业的可持续发展。

二、新媒体时代下的图书馆资源建设措施

在新媒体时代下，图书馆要充分使用新媒体技术，引进先进的理念与方式，加强对图书馆资源的建设，创新图书馆资源的内容和形式，满足更多人对图书馆的要求。在新媒体时代下，图书馆资源建设措施如下：

（一）合理布局图书馆网络

在新媒体时代下对图书馆资源进行建设与配置，首先要做的就是图书馆网络的合理布局。新媒体时代中，我国图书馆馆网布设方案设计，必须要和数字图书馆建设的思路一样。数字图书馆的建设，主要是以数字化的实体图书馆作为基础性资源，将计算机网络作为基础设施，面向全社会提供数字化的文献信息与其他的一些信息。新媒体时代下，图书馆网络设置和布局的调整，必须要和馆藏结构优化结合在一起进行综合考虑，才能够让馆网的布置符合图书馆资源建设的整体目标，适应开发、利用以及开放图书馆资源的各种需求。

（二）优化馆藏结构

在新媒体时代下进行图书馆资源的建设，最重要的是做好馆藏结构的优化。首先要做的是提升图书馆采购质量，让各种资源之间进行整合与互补。在这其中要突出馆藏特色优势，要在图书馆不同种类、不同层次，所在地区的经济、文化等方面入手，建设能够突出特色和优势的馆藏结构。然后是重视读者的需求，在新媒体时代下使用新媒体技术，对读者的需求进行全面调查，精准把握用户需求和动态趋势，并且合理调整馆藏结构。在这其中要做好比例的配置，合理设计各种馆藏中不同种类图书的比例，使其能够更加全面、深入、立体地满足各种人群资料和阅读需求；最后就是进行馆藏数字化的开发和使用。依据数字图书馆的建设思路，思考馆藏结构的升级措施。在这其中重视资源共享方面，当前各个图书馆都引进了数字资源，经过采购、试用和运用免费数据库等方式，还可以通过资源共享进行优化。

（三）为新媒体阅读提供优质内容

图书馆是服务社会大众的，这是国家赋予图书馆的责任。在新媒体时代，图书馆资源建设水平、使用水平与服务水平，直接关系到大众的利益，这些在当前时代都需要使用数字出版等技术来进行支持。图书馆必须要负担社会公益责任，要能够站在大众的角度上思考问题，为大众提供需要的内容。从这一方面看，不管是新媒体阅读还是传统阅读，都需要让读者有优质的书本可读。因此，图书馆需要建设以读者为基础的阅读书目，并且实施分级阅读。分级阅读主要是对于文学、科普和知识类的图书，以此来引导读者养成良好的阅读习惯。可以经过设置新媒体阅读不受到时间和空间的限制，多提供一些针对年青一代的新媒体阅读平台。

（四）建设新媒体阅读平台

长时间以来，怎样发挥更有价值和便捷性的服务，使用政府投资建设数字平台服务社会，让图书馆成为当地群众的终身学习场所，一直都是图书馆行业的重要问题。新媒体时代，这方面的问题转变成为怎样使用先进技术提升大众阅读能力。在这种情况下，地方图书馆就需要构建新媒体阅读平台，加强对服务形式的创新。图书馆对新媒体的使用，主要是加快数字图书馆的建设。数字图书馆中，可以建设海量分布式文化资源库群，建设传统文化集中展示平台，建设开放式的信息服务平台和交流平台，让数字图书馆可以为大众提供更优质的服务。经过数字图书馆的建设，保障公共文化的基本性、平等性以及便利性，尽可能发挥图书馆引导社会和教育人民的功能。数字图书馆建设经过新媒体，让图书馆服务覆盖范围延伸到手机、电脑以及各种智能移动端上，以此进行全媒体服务。移动数字图书馆是图书馆更深一步的开发项目，读者能够使用自己的手机、电子阅读器等进行随时随地的阅读，使用无线网络，还能够在全球任何地方借阅图书。这种资源建设方式不但方便了大众读者，同时还提升了图书馆的利用率，提升了全民阅读效率。

在新媒体时代之下，图书馆的发展不仅面临挑战，同时也有一定的发展机遇。要想使图书馆事业稳定发展，就需要在新媒体时代中做好资源建设工作，通过图书馆网络的建设、馆藏资源的优化以及新媒体平台的建设等措施，有效提升图书馆资源建设水平。

第三节　电子图书馆的资源建设

资源建设作为电子图书馆建设的核心，同时也是其建设的重点及难点所在，通过强化资源方面的建设，有助于实现电子图书馆的资源优化整合，为读者提供重要的资源保障。基于此，本节首先对电子图书馆的资源特色进行了阐述，分析了电子图书馆的资源结构，重点对电子图书馆的资源建设提出了几点合理化建议，旨在助力于电子图书馆资源建设工作的发展。

从电子图书馆的角度来分析，电子资源建设作为其建设的重点，同时也是图书馆工作面临的新课题。具体主要包括两方面内容；即实体馆藏建设、虚拟馆藏建设，其中所谓的实体馆藏建设，具体主要指印刷型、缩微型、视听型文献及电子出版物等方面的内容；对于虚拟馆藏建设而言，其通过发挥馆员专业优势，借助先进的技术，充分掌握和了解网络资源分布情况，筛选出网上具有价值的信息，通过电子图书馆建设，更好地为读者提供阅读资源。

一、电子图书馆的资源特色分析

随着电子图书馆日益发展完善，其资源方面有着明显的特色，具体主要体现在以下方面。

（一）存贮方式发生改变

与传统图书馆相比，电子图书馆在信息存贮方面有着较大的优势，从根本上实现了磁性介质上的电磁信号。与此同时，在馆藏载体表现形式上，电子图书馆与传统图书馆同样有着明显的区别，其中前者主要以物理实体加虚拟馆藏为主，而后者则单纯以物理实体为主。例如，电子出版物的存贮，当前主要以光盘为主，这种存贮方式既是电子图书馆的主要部分，也是传统图书馆的关键部分。除此之外，电子图书馆还有着明显的优势，网络上传输的数字信息为电子图书馆另一个信息来源。

（二）保证了检索的效率

与传统文献载体相比，电子图书馆摆脱了其固有的特性限制，实现了新的突破。通过超文本技术、超文本节件、索引技术，使各种信息可以自动地按其本身的逻辑关系组成相互联系的网络，通过当前这一模式的有效实施，极大地保证了检索效率的提升。

（三）实现了资源方面的共享

众所周知，电子图书馆藏形式的出现，在某种程度上弥补了传统图书馆的不足，彻底摆脱了时间与空间的限制，有效地实现了资源共享的目的，例如，读者在实际的阅读中，可共享海量的正式出版物，而这些并非传统图书馆能够实现的。

（四）馆藏结构多样化

电子图书馆馆藏是数字化信息，其主要囊括了诸多数字信息，其中主要包括超媒体、视频、声频以及图像等，针对当前这些信息，可通过发挥多媒体技术的优势，先将其更好地结合起来，然后再进行统一管理。通过这一管理模式的实施，在某种程度上为其收藏提供了保障。

二、电子图书馆的资源结构分析

目前，虽然电子图书馆已经取得了显著性的成效，并且有着诸多方面的优势，但尚未对其进行科学的定义。针对电子图书馆馆藏资源而言，人们并没有对其进行统一认识。其中某一观点认为：电子图书馆的馆藏资源全部数字化，即实现"无纸图书馆"；另一种观点认为：无纸社会难以来到，电子图书馆不可能没有纸质文献。现阶段，随着图书馆电子化发展日益突出，并且仍然在不断向着智能化发展方向前进，该阶段可视为电子图书馆初级阶段。数字化技术的不断发展，使数字图书馆必然会向着高级方向发展，届时也会成为电子图书馆的高级阶段，这也是未来要实现的目标。针对电子图书馆的馆藏资源来讲，从广义的角度理解主要包括以下内容：①文献信息资料；②信息技术设备；③图书馆馆员；④相关服务软件。众所周知，电子图书馆已经实现了全新的突破，不再受制于时间与空间限制，但需要满足一个条件，即在有网络的条件下，读者可随时随地访问图书馆计算机，通过当前这一阅读模式的有效实施，有助于实现远程阅读的目标。基于当前这种情况，在进行馆藏资源建设的时候，要想实现这一目标，则需要重点加强对文献资源建设进行全方面考虑，在保证当前工作的基础上，还应当综合利用图书馆以外的各种有价值的信息资源。因此，电子图书馆的馆藏应由现实馆藏和虚拟馆藏构成。

三、电子图书馆的资源建设的优化策略

（一）强化全文数据库建设

从全文数据库的角度来分析，其主要包括题名、摘要、关键词等数据的数据库。用户要想检索到全文，则需要根据实际需要，在相应的检索入口进行操作，便可实现上述目的。全文数据库囊括了海量的优秀资源，在具体应用过程当中，有着较为显著的优势，为文献信息工作提供了重要的数据保障。与此同时，通过全文数据库，还能够为读者提供海量的阅读资源，便于读者快捷获取到阅读的著作，这对于读者来讲具有重要

的意义。虽然全文数据库有着较大的优势，为读者带来了方便，但也存在一定的不足，具体主要体现在：全文数据库的制作，往往需要先进的技术为其提供保障，由于技术方面的缺失，使得全文数据库的数量没有得到拓展，仍然有待于不断改进和完善。而网络技术的不断发展，为全文数据库建设提供了保障，无论在建设的质量方面，还是在具体数量方面，都得到了显著提高。

（二）加强实体馆藏数字化建设

要想实现实体馆藏数字化建设的目标，则需要做好以下工作：①注重数字化特色馆藏资源构建：目前，国内先进的图书馆（如中国国家图书馆、上海图书馆）等，在进行数字化建设的过程中，主要立足于图书馆内的实际情况，将当前具有特色的文献资源作为根本出发点，使其成为首批数字化对象。与此同时还注重电子文献资源方面的利用；②电子文本订购：电子图书馆在开展信息服务的过程当中，要想提高其信息服务的质量，则需要通过电子文献资源提供保障，这也是使其服务的物质基础。基于当前这种情况，图书馆要根据具体实际需要，结合当前的现状，积极订购各种电子出版物，通过这一模式的实施，逐步增加馆藏电子文献的比例。此外，还需要结合自身的情况，定期对馆藏电子刊物进行评估，通过开展质量评估工作，可以将部分不达标的电子期刊淘汰，并且不再对其进行订购，实现电子期刊的优胜劣汰。

（三）加强电子图书馆资源建设管理

（1）强化资源建设规划。图书馆在强化电子图书馆建设的时候，要立足于自身的实际情况，其规划建设要从拓展性、先进性、经济性角度进行全面考量。具体主要体现在：①拓展性：在设计电子图书馆结构时，相关设计人员要体现出其结构设计的灵活性，为后续电子图书馆扩展升级提供保障。②先进性：要想保证电子图书馆的先进性目标，就要积极引进当前国内最前沿的技术，选择最为优质的设备，只有增加其技术含量，才能够更好地保证其先进性。③经济性：在电子图书馆建设规划阶段，规划设计者要有多方面的考虑，在规划设计之前，需要对阅读量、读者数量、文化素质等因素进行全面调查分析，从图书馆经济投入的角度分析问题，尽可能地降低图书馆成本投入。此外，还需要注重强化国内外合作，加强多方面的合作，避免资源重复建设。

（2）实行资源共建共享。在电子图书馆建设过程中，要想实现数据库群建设的目标，在充分发挥图书馆自身优势的基础上，要注重联合国内其他地区、行业、系统图书馆参与到实际的建设当中，强化行业内部之间的合作。尤其在网络环境背景下，图书馆要想保证文献资源建设工作顺利推进，就要从根本上摒弃以往单一化的模式，注重开发和利用网络信息资源。网上每个成员的有用信息都会通过一定的规则在这个信息网络中传递，每个成员也可通过一定的规则从这个网络中检索所需的信息，以弥补馆藏的不足。除此之外，要想实现上述目标，图书馆除了挖掘图书馆内部优势资源以外，要重点开发和利用地方特色资源。

综上所述，电子图书馆资源建设是一项系统而复杂的工程，并非一朝一夕的事情，而是需要一个相对漫长的积累过程。图书馆要意识到当前这一局势，并且在实际的建设过程中，要立足于实际情况，切勿进行盲目性的建设，要重点突出自身的优势，要注重运用网络技术，开发网络资源，为读者提供优质的阅读资源，进而实现电子图书馆资源建设的总体目标。

第四节　数字时代图书馆资源建设

当前的数字时代环境，使我们的生产生活也发生了相应的变化，在公共图书馆的建设上也同样有了更大的改变。在此环境过程中，信息也因此受其影响而使其载体和环境有所改变。本节就针对数字时代的图书馆资源建设进行一定的探讨和分析，从多方面、多角度来明确信息资源的合理建设，进而使当前的图书馆建设能够更好地开展起来，促进整体水平的提高。

随着科学技术的不断进步和发展，现在我国的教育改革工作已经逐渐朝着更为深入的方向发展，所以相应的教育观念以及教育目标等都发生了一定程度的改变。现在教育界所注重的不再只是孩子们的学习成绩，而是孩子们的综合素养。在数字化的时代，图书馆可以对少儿阅读网络化信息服务模式进行有效的创新。

一、数字时代给人类社会信息领域带来的变化

（一）数字时代信息载体的变化

在远古时期，人类传递文字信息的工具是动物甲壳、贝壳等坚硬的可以刻画的载体，随着时间的推移，尤其是造纸术的发明，纸张逐渐成为传递消息、记载事件、传播知识的信息载体。但是在第三次工业革命后，人类社会进入电气时代，计算机运算逐渐成为高科技发展的潮流，信息载体也发生了巨大的变化。对于照片、文字、音频的记录和保存，现在大部分人都会选择储存在计算机上或互联网云盘，可以随时调取，容量较大，且 U 盘、计算机等储存容器方便携带。信息载体的变化对于人们

的日常生活以及图书馆这种信息储存量需求较大的机构来说影响巨大。此外，随着数字时代的不断发展，信息载体的格式也出现了许多新品种。以往对于文字、数据、图片的储存大部分为 Word、Excel、PPT 格式，但是现在新的数据格式如 PDF、QLV、GMP 等不断发展应用，对于数据载体来说是又一次革新。

（二）数字时代信息环境的变化

以往的信息载体都是实物，包括纸张、树皮等，但是新时代下，信息载体的变化也影响到了信息储存的环境。现代化数字信息的储存环境大多数为虚拟云盘、电脑，从实物环境变为虚拟空间，对于信息的储存安全性要求也发生了改变。传统的书本信息环境对于安全性的要求在于气候、实际储存仓库、人为保管方面，而现代化信息储存环境安全的重点则在黑客、保密性技术、存储空间方面，二者对于环境的要求不同点较多。此外，数字时代信息的传播环境也在不断变化。新时代的信息传播具有速度快、数量多、质量高三个特点，其中数量多是最为关键的特点。在网络刷新时，每一秒都有成千上万的新信息产生并传播，且无数旧的储存的信息随时也有再次出现在人们视野的可能性，整个互联网的信息数量极多。

二、图书馆现代化建设中存在的问题

（一）缺乏连接性较强的统一平台

根据调查可以发现，大部分图书馆为公有性质，私人投资的图书馆数量极少，而在公共图书馆中，大部分为城市图书馆或图书馆。对于城市图书馆来说，由于是地域性的图书馆，因此读者大部分来自当地，也有一些图书馆明确规定只对本地居民免费开放。这些限制就会造成城市图书馆对外交流较少，缺乏与其他图书馆的资源交流互换。图书馆的大部分电子资源来自毕业生论文、教师研究成果，这些文章有保密的必要性，因此对于许多学校来说并不会拿核心资料与其他平台共享。纵观全国范围，无论是哪种性质、哪个区域的图书馆都缺乏一个统一交流的平台，这个平台不仅指读者交流的平台，也指图书馆管理工作人员交流经验的平台。通过实际的数据可以看出，图书馆之间各自拥有独家的小程序、微信公众号等电子化信息记录途径，但是各个图书馆的平台之间并不流通，会为读者的信息注册、统计总结带来许多麻烦。

（二）网络虚拟化资源不够充足

结合本节上述提到的信息载体以及环境的变化，可以充分确定在现代化图书馆的建设中，网络性质的数字图书以及信息资源较为缺乏。在数据统计中，有 54.8% 的图书馆没有网络性质的图书资源补充，一部分图书馆虽然有网络数字图书馆的建设，但是其中大部分资源空缺，没有实际意义。还有一部分图书馆的网络资源搭建不够完善，读者在浏览时会受到影响。目前来看，图书馆的网络化资源主要包括馆内纸质书籍的电子扫描版本、知网维普等期刊论文、图片类型的电子书。而在这些资源中，纸质书籍扫描版本较为老旧，更新速度慢；期刊论文受来源网站的限制，一部分需要收费才能查阅；图片类型的电子书较少，种类不够丰富。电子化资源不够充足、电子图书质量较低这些问题都限制着图书馆数字化的发展，并且对于良性信息的传播来说较为困难。

（三）缺乏现代化图书管理专业人才

图书管理专业属于小众冷门专业，许多大学并没有开设相关专业，因此从源头上来看，图书管理人才培养数量较少。此外，图书管理缺乏人才还体现在进行招聘时，许多图书馆在招聘时收到投递的简历较少，对于人才的挑选余地较小，且最后招聘到的人才许多并不是与图书馆专业相关的，只是属于管理类，对于图书馆的相关管理知识并不熟悉。图书馆内部的员工大多数为临时工，缺乏专业的管理技巧和能力，在进行相关业务建设时，无法提出专业的建议，对于图书馆的发展来说缺陷较多。由于图书馆的工作较为单一、枯燥，图书馆的岗位对于人才的吸引力较低，会有许多人员离职流动的现象产生，影响图书馆的工作任务安排。

此外，在现代化数字图书馆的建设过程中，也需要高精尖电脑技术人才来搭建网络构架，综合性人才对于图书馆来说也是必不可少的。

三、数字时代的图书馆信息资源建设途径

（一）运用互联网技术搭建云平台

针对数字时代的图书馆信息资源建设，首先，要运用到的就是互联网技术，图书馆相关技术人员可以先构建出属于图书馆的特色网站，增加用户进行书籍浏览的渠道，提供相关的网站查阅文献服务。其次，图书馆可以搭建与其他相关场馆联系的云平台，通过加强与图书馆之外的博物馆、资料室的联系，帮助图书馆的资源更加丰富多样化。如北京地区的图书馆可以与故宫博物院进行合作，将历史文物以图片展示的形式放在网站上，读者浏览才能够更加清晰。两个平台可以建立相关的网络链接，形成互通的局面，帮助图书馆和博物馆在资料方面做到准确真实。最后，图书馆内部可以使用员工专属的交流平台，运用云技术提取资料和读者信息，上传到平台，便于工作人员进行了解和处理。通过这些举措，图书馆的连通性大大加强，能够提升图书馆的层次，加强与外界的新联系。

（二）加强对于网络信息资源的收集储备

数字化图书馆的一大特点就是信息储存量大，但是目前许多图书馆在

此方面较为欠缺，图书种类数量少、版本老旧、电子化资源稀缺的现象经常存在。图书馆必须要重视此方面的问题，最主要的措施是加强对于各种资源的收集，建立属于自己的资料库。网络信息数量较大，图书馆在收集时需要甄别筛选有效高质量的信息进行录入，并上传到网络资源库中。接下来，图书馆对于网络资源可以采取高效的统一编码模式，总结出查找信息的关键词、主题、作者等，帮助读者找到其需要的书籍信息资料。最后，图书馆需要加强对于网络资源信息的及时更新细化，工作人员在日常检查时，对于不符合时代潮流的信息及时进行剔除，确保图书馆资料的正确性。

（三）引进现代化专业图书管理人才

新时代图书馆的建设必须要高质量的专业化人才，除此之外，对于综合性人才的需要程度也很高。数字化图书馆平台的搭建、信息的整理收集都需要专业的科技人才，但是对于技术性人才来说，偏向于图书管理方面的较少。因此图书馆应与高校合作，从图书管理专业挑选人才进行培训，提高员工的质量。图书馆还应该聘请专业的管理人员，对于整个馆内的书目种类、发展目标、发展前景做出定位和规划，确保图书馆能够有更加稳定的内部管理。通过现代化人才对于图书馆的组织管理，能够使图书馆在数字化发展道路上有更多的创新性发展，提升图书馆的地位和作用。

数字化、科技化、网络化是未来图书馆的发展趋势。数字化图书馆在当前疫情形势下能够为更多的读者带来便利，也更加符合现代化科技的要求，能有更加小的储存空间和更加丰富的馆藏资料。对于每个图书馆来说，在现代化科技浪潮中都受到了或多或少的影响，但是只要抓住机会，进行转型升级，图书馆的发展前景一定更加光明。

第五节　图书馆资源与立德树人

普通图书馆资源是提高大学生文化素养的"源头活水"，是高等教育进行立德树人教育的精神园地。通过运用文献资料法，逻辑分析法等对当今普通图书馆资源的优势和特点进行探讨，着重研究图书馆资源与学校进行立德树人教育的关联，通过图书馆资源的发展创新以期来提高当代大学生的品德与修养，最终达到"树人"的目的。

党的十八大报告指出，教育是中华民族振兴和社会进步的基石，要把"立德树人"作为教育的根本任务，办好人民满意的教育。那么，高等院校如何在教学过程中培育高素质人才来回答"立德树人"的教育本质呢？其中最重要的一条"纽带"就是图书馆资源的有效利用。图书馆资源主要包括以文献信息资源和服务保障资源等为实体的有形资源，还有以图书馆工作人员为集群，同时为在校大学生提供服务指导为职能的人力资源。在当今信息交流高速运行的社会环境下，图书馆资源正向着自动化、数字化、信息化方向迈进，其主要目的就是提高图书馆资源的利用效率和崇高的服务理念。使高校大学生能够更好地投身于学术活动研究，增强学习的积极性，养成良好的学习习惯来提高自身修养，完善自我德行。

一、图书馆资源与立德树人的概念界定及特点分析

（一）何为图书馆资源

图书馆资源是图书馆得以生存的基础，图书馆资源建设是高校的图书馆乃至学校的重要核心部分，是瑰丽的文化知识宝库和学生读者的精神和心灵的栖息地。广义上的"图书馆资源是指图书馆为了资源利用而组

织起来的相互联系的多种资源的动态有机整体。"图书馆资源是各种各样的文化资源、教育资源等信息资源有效组合起来的有机整体，是一种动态的信息资源体系。而狭义的则是指馆藏资源。子曰："其身正，不令则行；其身不正，虽令不从。"在高校学生自身品德修养历程中，图书馆资源就是一种无形的路标或指路灯。同时，又为学生提供了精神动力，以及心灵上的文化滋养，"问渠那得清如许，为有源头活水来。"图书馆资源是学生心灵以及文化素养的源头活水，时刻滋养着学生的精神和内心，使其朝着更加光明的方向发展。

（二）立德树人概念的导出

立德树人即是树立德业，给后代做榜样，培养高素质人才。正如《左传》记载："太上有立德，其次有立功，其次有立言，虽久不废，此之谓不朽。"《管子》中的"一年之计，莫如树谷；十年之计，莫如树木；终身之计，莫如树人"，这段话说明我们的先贤已充分认识到培养人才是兴国安邦的长远之计，并且"立德树人"也几乎是我国历代社会共同遵循的教育理念。党的十八大报告指出："把立德树人作为教育的根本任务，培养德智体美全面发展的社会主义建设者和接班人。"提出立德树人，是党进一步更新大学生思想政治教育传统观念的生动体现。把"立德树人"作为大学生思想政治教育的根本任务，切实促进学生德、智、体、美的融合性、协调性发展。"立德树人"首次确立为教育的根本任务，为今后教育改革的发展指明了方向。由此可以推及图书馆资源与立德树人教育的关联体系，图书馆资源是高校学生修身养德的精神园地，更是实现"树人"目的的文化宣传阵地。

（三）图书馆资源的优势特点

首先，坚持"以人为本"，增强资源可用性。在普通高校中要使图书馆资源有效利用达到最大化，就应该实现高效率的信息化服务，使学生能够简洁高效地检索所需要的文献资料。通过有效整合资源信息，以及数据终端的科学化处理，使资源服务体系更加便捷高效，基本上形成了以学生为中心，以学生的根本需要为主要目的的新型图书馆资源服务体系。

其次，环境育人中的资源动态化。图书馆资源环境的动态性变化是根据时间以及外部环境的改变而不断发展变化的。创造一个良好的图书馆资源环境，有助于进一步促进学生研究、学习以及心灵的净化。图书馆资源环境动态性的更新变化，能够使学生思想认识与时俱进，实践活动与时同行。

图书馆资源的现代化科学化发展趋势，加速了高校立德树人教育的进程。在高科技时代背景下的网络环境和设备，使图书馆各种资源充满着现代科技的气息，从而激发了大学生强烈的创造性思维意识和学习的积极动力。拥有文明宽敞、质朴优雅、舒适安静的阅览室、自习室等理想的读书场所，可以使学生的心灵得到净化，可以提高学生的道德修养、品格与行为举止的文明规范。大学生立身于这种理想环境中，一定要珍惜并且认真读书学习，文化知识交流、专业学术研究等，从诸如这些活动中，能够让学生受到熏陶和影响，最终实现身心健康、完善人格、健全心理、文明精神等综合素质的塑造。

二、高校学生立德树人的时代诉求

"小德川流，大德敦化"，积小德而立大德。针对图书馆资源的优势特点，面对当前新形势、新任务以及新的时代要求，要求我们必须站在"立德树人"的高度对当今图书馆资源进行新的认识和更加深刻的了解。作为普通高校中的高素质人才应该把握跟进时代潮流，树立远大理想，完善自我德行，志存高远，我们的国家才会有希望，才会更加强大。因此在坚持自身品德修养的同时，也要着眼于现实世界，跟进时代的步伐，树立远大理想，以立德而树人。立德树人是以习近平为总书记的党中央向高校发出的时代召唤。

第一，要健全心理，展望未来。现如今的大学生处在成年人行列，但做事做人要时刻注意谦虚谨慎，戒骄戒躁。面对当今复杂的社会形势、就业压力、生活压力等，作为大学生应该保持一种平和的心态，不骄不躁，努力奋斗。首先努力做好身边的小事，搞好学术研究，深入探索。知识改变命运，命运成就未来。在学好专业知识的同时，时刻充实自己，树立远大理想。争取毕业之后到国家需要的地方去，做一个知识分子理所应当做的事情。人生如弹簧，受到的压力越大，弹力越强。只有充分利用图书馆资源寻求知识，借此培养自己的科研能力，才能使专业理论知识和实践相结合。正如毛主席讲的："调查研究如同十月怀胎，解决问题就像一朝分娩。"只有社会技能一点一滴地积累，才能厚积薄发，为社会做出贡献。

第二，修养自身，兼顾理想。在学校，作为大学生首先要努力结合实践经验提高自身修养，品德修养，以及做人做事修养。著名教育家陶行知说过："千教万教，教人求真；千学万学，学做真人。"首先，通过对图书馆资源的深入研究使我们在努力学好专业知识的同时，还要扩展自己的知识范围，养成良好的学习习惯和态度，努力成为一专多才的全新型高素质大学生。其次，在社会实践中面对承担的事情要尽心尽力，有头有尾。老子说："天下大事，必做于细；天下难事，必成于易。"可以看出，作为大学生唯有做事脚踏实地、尽心尽力，对待周围的人和事物要有认真负责的精神，如此不断地磨炼，才能够找到属于自己的理想信念并且为之奋斗。

第三，提升自身的道德价值观，追求远大理想。正如陶行知所说："因为道德是做人的根本。根本一坏，纵然你有一些学问和本领，也无甚用处。"对于当今大学生最关心的问题，如学业、就业、情感问题等，都要以自身的道德价值观为基础。大学生在学业上，要讲求学术伦理、学术道德，使大学生拥有为国家、为社会而学习的远大理想，其中图书馆资源显然成为大学生乃至老师充实自我的源泉。另外，还要严格遵守学术道德，在学术之路上要靠真才实学，刻苦搞科研以求回报国家，回报社会。大学生树立理想信念，把服从国家和社会的需要放在职业规划的首要位置，到西部地区、农村基层地区等国家急需人才的地方，努力工作实现自己的人生理想。只有大学生的理想信念与大学生认知水平和道德水平形成同步发展，才能跟上时代的潮流，符合时代的要求。

三、图书馆资源对立德树人的作用

图书馆资源是学校物质文化和精神文化的集合地，是辅导学生进行多元化学习的可靠保证。因此，图书馆资源的建设与发展显然成为当今高校道德文化传播的重要基础。图书馆资源在立德树人教育中扮演着比较特殊的角色：首先是图书馆资源涵盖了丰富多彩的文献资料，其所蕴含的文化资源信息是世界人类历史文明的沉淀；其次是图书馆资源促进了人类历史文明的发展；第三是图书馆资源是学术科研活动收集文献资料的集中地；第四是图书馆资源为大学生进行课外辅导提供了知识给养和智力资源的援助。同时，图书馆资源还具有教育和信息服务的性质和职能。因而，根据图书馆资源的优势特点，以及高校立德树人的时代要求，图书馆资源的有效利用促进了高校立德树人教育，对立德树人教育发挥着举足轻重的作用。

（一）图书馆资源促进高校文化教育的传播

一方面，道德思想教育的宣传作用。"工欲善其事，必先利其器。"图书馆资源是高校中的道德思想传播的平台，是高校中比较强大的信息资源系统，拥有文明整洁的学习育人环境、浓厚的文学修养气息、良好的学习氛围，对道德思想的宣传有强大的推动力。在图书馆资源数字终端，可以简化信息搜索的步骤；增强学生的阅读意识，帮助他们提高阅读和理解能力。同时，通过图书馆资源信息交流平台，高效地利用图书馆资源，从而不断提高学生的道德修养意识，达到立德树人的目的。

另一方面，图书馆资源对文化教育的引导作用。当前图书馆资源建设正朝着科学化、合理化的方向发展，其具有庞大的信息网络资源，为高校培养学生提供了信息知识的平台，对于学生的立德树人教育起到了引导作用。另外，图书馆中的人员通过遵守馆内的工作服务准则可以为学生读者进行全面的信息宣传和信息资源检索引导，提高图书馆资源信息搜索的效率；还可以帮助学生清晰地了解图书馆资源的总体分布情况，使得搜索信息简单化。通过以上方面的引导既帮助读者增强了阅读意识，同时也使学生的阅读能力得到有效提高以及引导学生掌握最新科技动态。综合分析，学校可以根据实际情况在做好信息宣传的同时进行适时的引导，如最新馆藏信息公告，缩短更新周期；适时举办图书评论活动，引导学生积极参加新书刊的阅读等。通过多角度、多层次的宣传引导手段，既使图书馆资源重要地位得到巩固，也使图书馆资源发挥了优势特色。

（二）图书馆资源提供立德树人教育环境

一是立德树人教育的"前沿阵地"。利用图书馆资源可以使学生陶冶情操，开阔眼界视野，激发学生的求知修身欲望，在培养学生良好心理素质的同时提高道德情操。莎士比亚曾说："书籍是人类的营养品。"图书馆资源正是提供了这种阅读书籍的环境，在吸收知识的同时在书籍中滋养身心，净化心灵，提高道德水平。

二是营造和谐环境。图书馆资源作为大学生的育人阵地，不仅可以向大学生提供良好的学习知识氛围，还可以营造一种适合大学生身心健康成长的文化道德氛围和文明阅读环境，创造以人为本的阅读空间。良好的育人环境给人带来幸福的享受和快乐，给学生以奋发向上的激情和动力，以及获取创新思维的灵感。在书的海洋中可以激发学生强烈的求知欲。通过良好读书育人环境，来塑造人、培养人、感化人以及立德而树人。

（三）图书馆资源建设驱动高校立德树人教育

最后，图书馆资源有序性、综合性、创新性服务理念。资源的有序性是图书馆资源存在的必要基础，以当今高科技为前提，其资源的信息化、数字化、时效化的特点渗透图书馆资源有效整合；根据各学科，类别等之间的互相联系，互相影响，互相渗透，使得各系统内部又分为若干个子系统，由整体到个别条分缕析，寻求图书馆资源的创新性探索。

四、图书馆资源的发展创新

第一，宣传推荐最新阅读书目。

整理收集学校优秀的教学教材并通过梳理加工，及时、主动、准确地推荐给学生，使之有效地利用、渗透吸收，形成自我的精神需求。现如今处于信息爆炸的时代，高校大学生为快速适应时代需要不仅要从课堂上与教材中学习有效理论知识，还要充分利用大量的课余时间去寻求图书馆信息资源等课外的科学知识。只有这样才能适应当今社会的发展节奏。因此，图书馆应积极利用自身的信息资源优势，有组织、有计划、有目的、科学性地推荐学生阅读文献资料。顺应时代科研活动的发展趋势引导大学生的阅读倾向，同时帮助学生高效锁定阅读目标，以及尽量缩小文献资料信息与学生阅读学习需要之间的距离，既节约了时间和精力又提高了阅读效率。

第二，组织专题学术活动，拓展学生文化视野。

专题学术活动是一种集专业理论知识和娱乐智力为组合体的形式项目，结合诸多学术科研活动，促使高校师生能有效地掌握最新的学术专题动态、尖端的科研成果、最前沿的信息资源内容，以此帮助高校师生拓宽视野、启迪智慧、丰富思想内涵、增长理论知识、陶冶情操、提高自身修养、完善品德等，以达到立德树人之目的。还能够培养学生科学新观念、培养学生的社会实践能力，拓宽文化视野和丰富完善教学内容。因此，在开展各项高校科研学术专题活动当中，对于图书馆资源利用一定要追求策略性和前瞻性，以此来推动高校精神文明活动的纵向发展。高校学术专题教育实践活动培养大学生拥有积极向上的学习心态，身心健康综合发展，逐渐形成完善的高等教育体系。另外，借助图书馆资源优势，结合本校专业性的特色需求，周期性地邀请一些国内外专家教授学者进行科研学术专题讲座，使学生进一步深化专业学习研究。利用图书馆资源优势和依据学校的主题课程有效组织校园读书周活动，既提高了图书馆资源的利用效果，又增强了学生的学习兴趣和对图书馆资源的信任度。

第三，图书馆文献资源信息强化高校学生的德行培养。

高校学生德行的培养要依靠图书馆文献信息资源建设，图书馆文献资源是高校师生进行科研项目时获取最新最前沿理论知识的信息宝库。图书馆资源囊括了数量种类丰富的文献信息资料，并且其馆藏载体形式多样，种类广泛，为高校学生进行科研服务提供了坚实的物质信息保证，也是高校校园中精神文明活动的主阵地。内容种类齐全的文献信息资源为高校立德树人教育的开展提供了有力支撑，始终影响着学生思想道德的整体发展水平。当今我国高校种类繁多，大部分只是针对学生专业理论知识的培养而忽视了学生的内在品德的培养，导致大学毕业生步入社会后显得缺乏道德涵养，有知识没文化，高学历低水平等。因此，在新形势下要求高校在抓好学生进行专业理论知识学习的基础上，着力培养学生的道德修养、文化修养、人格修养等，使之真正成长、成才。由此结合当前高校的培养形势特色，图书馆资源建设为教育学术科研和立德树人教育的培养形式提供广泛的知识理论信息，以及其优质的文献信息资源为大学生综合素质的培养提供了有力保证和便捷的环境条件。

第四，依靠数字图书馆资源来加强引导高校立德树人教育。

当今网络信息化程度较高，但难免会出现一些低级趣味的文化垃圾，很容易渗透到高校的教学环境中。如网络信息虚假泛滥，一时难辨真伪；还有花边新闻报道，蛊惑人心等。网络信息化时代社会发展参差不齐，信息泛滥混杂。具有开放性、交流性和灵活自由化的优势特点的网络信息资源，其实正如双刃剑一样，如果没有正确的理论思想导向，就会产生诸多不规范不文明的网络信息交流行为，在很大程度上影响大学生的身心健康发展。借助发达的网络信息，建立数字图书馆资源信息库，摒除一切不良的负面信息，建立引导大学生养成高尚品行、树立崇高信念的道德培养体系。为实现伟大的中国梦，培育品学兼优的高素质人才而努力。

第六节 大数据时代图书馆资源建设

本节对当前图书馆资源建设现状进行分析，提出了基于读者和资源融合、系统和数据库集群化管理以及图书馆智慧化构建体系的方向，以此充分挖掘图书馆的资源优势，提升图书馆的智慧化、个性化程度，为图书馆可持续发展提供新的深层次思路。

一、大数据与图书馆

（一）大数据概述

随着信息时代的高速发展以及网络通信技术的日臻成熟，各类数据呈现出爆炸式的增长。与此同时，大数据的概念被提出并逐渐成为信息集合的代名词。一般来说，大数据指的是不能在可容忍的时间内用传统软硬件工具和技术对其进行存储、管理和应用的数据集，有体量大、生成快、种类多等特征。大数据以超出人们想象的速度产生、发展和积累，引发了各界对大数据的讨论和研究。早期的大数据用户主要是国外的互联网创业者，他们依靠分析大数据来精心策划互联网公司及旗下产品，比如，国外的 Facebook、谷歌和亚马逊等互联网公司，海量的数据集合汇集起来，通过数据的存储、开源软件的发布以及分布式计算，互联网企业从他们收集的数据中有效地挖掘了大量的数据集并提取有价值的信息。我国的大数据发展虽然起步晚，但是发展速度快、规模大，而且在大数据应用的服务业领域现在已经走在了世界前列，比如，深度挖掘潜在客户并精准投放营销广告的移动互联网金融、实时匹配用户需求的共享出行服务，都是国内大数据应用发展的典型案例。

（二）图书馆的大数据

大数据时代对数据存储、利用方式的巨大转变及其流行趋势与广泛影响，对致力于成为信息资源共享服务中心的图书馆形成了强烈的冲击。图书馆有种类多样的数据库、电子图书期刊以及音视频资源等，读者查找资源的选择变多了，但是所花费的时间也同样增加，各种资源的有效利用率也有一定程度的下降。图书馆的信息资源存在广泛的价值，但是由于资源的容量巨大而有效资源所占的比例较小导致资源的价值密度相对较低。因此，图书馆必须深刻认识和理解大数据技术及其应用，对图书馆数据进行充分采集、分析和挖掘，梳理出读者对信息资源的利用需求。图书馆馆员需要进行服务转型升级，将被动地满足读者需求变为主动地迎合读者需求，了解如何利用大数据深度挖掘读者需求以及引导教科研人员将大数据技术应用整合到他们的学术、科研中。在大数据背景下智慧性、个性化图书馆将是图书馆发展的潮流趋势，馆员将读者使用图书馆内资源的信息"变废为宝"，进行数据整合、分析，根据读者的个人信息和行为习惯，得出读者的潜在需求，从而向读者推送特定的内容以方便其使用相关资源。

图书馆建设要利用大数据技术的支持，大数据技术运用在图书馆的具体业务上也要进行方法创新。为了更好地加强这两方面的联系，现从图书馆资源建设角度，对大数据背景下图书馆资源现状进行分析思考，并提出解决相应问题的思路。

二、大数据时代图书馆资源现状分析

资源是图书馆存在的基础，也是利用大数据技术进行图书馆建设的必不可少的重要因素。但是，随着信息量的倍增和种类繁多的资源的出现，图书馆在资源使用发掘、管理应用以及构建共享平台上还存在很多制约大数据环境下图书馆发展的瓶颈。

（一）缺乏深入充分的资源使用统计和数据发掘

图书馆作为文献信息中心购买了多种类型的馆藏资源，而图书馆馆员对已购买的资源利用情况只能通过后台查看来统计各个用户的使用量情况，对不同专业的学生和教师读者使用不同种类的资源情况还不能做到准确掌握，不能通过使用情况有针对性地提高不同种类资源的利用率。图书馆馆员每天面对的海量数据以及不同需求的读者，如何掌握读者使用信息的规律，发掘各类读者的潜在信息需求，如何给读者提供个性化服务，如何给教科研人员提供精准化的学科服务和参考咨询，这些问题显得越来越棘手。

（二）缺乏有组织的资源管理方式

在资源管理方面，图书馆每天由于检索、发现、传递以及使用资源而产生大量的数据，而一般情况下，读者进行资源传递、交流后留下的痕迹信息很快被遗弃。"垃圾是放错了地方的资源"，图书馆每天产生的信息也是如此。一个数据库的创建、使用不是一味地进行数据的叠加才实现的，而是通过数据之间的关联性，梳理出结构性和非结构性数据，形成整体的有组织的管理方式。图书馆如何将已使用的数据进行重新整合、分析，通过对访问数据的深度挖掘与分析实现数据的回收利用，提供更加贴切、更加精准的用户需求服务，对"一切以读者为中心"的图书馆来说是体现其价值的重要依据。

（三）缺乏统一共享的信息服务平台

图书馆内普遍存在的问题是资源和系统种类繁多且关联耦合性不强，信息孤岛问题造成的管理和服务上的不便越来越明显。高校教师读者从事科研和课题研究时，学生读者在进行毕业论文撰写时，往往需要查找很多相关资料，需要使用不同的资源。但是，各种资源种类繁多，查找资源费时费力，没有一个集中的元数据集合，没有一种集中平台来实现各类资源的统一检索、跨库检索，无法提供一站式的资源检索服务平台。当读者需要查找资料时，由于资源、数据库种类繁多，需要分别到几个甚至更多的数据库中去登录、检索，这样大大增加了读者获取资源的时间。不便捷的读者体验也间接降低了各类资源的有效利用率，对以服务读者为中心的图书馆来说都是不利因素。

三、大数据时代图书馆资源建设策略

（一）读者和资源有效融合

对用户而言，要"按需融合"，将用户的特定需求融合到资源使用中，充分掌握读者使用资源的规律，发掘各类读者潜在的使用需求，进而给读者提供个性化、精准化的服务。比如，对不同专业的学生来说，考取相应的职业资格证书对其以后就业、晋升都有很大帮助，因此以专业来区分不同需求的读者对其进行相应的资源推送，并且通过其检索、浏览相应资源的信息来挖掘读者对相关资源的掌握情况以便进行持续、跟踪性的推送。对于图书馆的资源来说，通过建立资源的元数据，对资源进行组织、加工和创新，解决资源之间的散乱和冗余问题，进而发现资源之间的潜在关联性，从而创造新的价值。

（二）管理信息系统、数据库的集群化管理

从图书馆资源管理的整体角度来说，就是构建一个物理分散、逻辑集中、共享共用的统一集群化管理架构和大数据平台，为图书馆的决策支持、信息服务等提供数据应用支撑，促进各类资源的共享、协调管理。具体

实施上，可以对图书馆所涉及的所有系统进行全面的管理，解决统一认证问题，用单点登录代替多点登录的烦琐，优化用户使用流程；对全馆所涉及的各类资源建立统一的资源管理框架，形成数据索引库；对图书馆数字化资产进行全面管理，避免资源孤立、信息孤岛等问题出现，并且结合各种形式的客户端技术将全馆所有读者数据进行汇总分析，通过大数据技术加以分析利用，深度挖掘有价值的数据信息，为图书馆建设和服务决策提供强大的数据支撑。

（三）构建图书馆智慧化体系结构

大数据技术的应用就是要让读者便捷高效地获取所需服务和资源而不受时间空间限制，甚至在读者没有意识到的情况下已经获得了服务，图书馆可以通过搭建"平台—支撑—应用"三级智慧化体系结构来实现。对图书馆整体而言，搭建一个基础平台来管理和控制各种数据资源是根本，进行全馆大数据的数据收集、标准化，对各类多源、异构数据进行有效融合，形成全面、丰富、融合的智慧化体系结构的资源基础；然后组合各个不同分工的子平台，提供相应的大数据分析决策、资源整合、数据仓储等系统作为支撑，负责图书馆的用户信息管理与需求预测、资源管理分析等任务；在支撑平台的数据基础上，针对具体的读者需求展开各种具体的信息服务，建立相应的个性化服务、智能搜索等应用系统。因此，图书馆智慧化体系结构应该是一种全方位、立体化的，具有主动性、人性化、个性化、泛在化等特点。

大数据技术在我国图书馆领域的发展尚处于起步阶段，并且由于学校的规模和科研水平等原因导致其在各高校的发展程度良莠不齐，但是它为图书馆的资源建设带来了历史性机遇是毋庸置疑的。未来图书馆建设面临着诸多未知和挑战，必须不断创新图书馆的服务和技术，以大数据应用来促进新发展新亮点，这也是大数据时代图书馆建设的研究热点和方向。

第七节 互联网＋时代图书馆资源建设

"互联网＋"时代的到来，促使社会中的资源可以得到更有效的整合利用，而对于图书馆建设，"互联网＋"时代对图书馆资源建设的发展提出了更高的要求，但是由于图书馆资源建设过程中受到传统管理理念的影响，导致图书馆资源建设受到了阻碍，因此本节根据现阶段图书馆资源建设的问题进行分析，提出了图书馆资源建设的优化措施，从而为图书馆服务质量的进一步提升打下基础。

采购、编制、收藏、管理、流通等环节为以往图书馆管理的传统流程，这种管理模式对图书馆图书资源的有效流通造成了阻碍，因此在"互联网＋"时代，高校可在资源建设过程中，将图书馆资源建设与用户实际需求紧密连接起来，利用更先进的计算机信息技术，不断优化图书馆资源结构配置，促使高校图书资源利用程度不断提升。

一、图书馆资源建设现状

（一）资源配置不够合理

"互联网＋"时代，社会中资源共享效率逐渐提升，同时资源的共享也导致资源信息网络传输、数字资源库服务器等环节的安全风险逐渐提升，再加上图书馆资源构建过程中，对各个学科的实际需求不够了解，导致图书馆数字资源的实际利用程度不够，如哲学、社会科学、外文等科研型资源过于薄弱，而自然科学、中文资源等教学型资源过于饱和情况的出现也导致图书馆服务效率不能有效提升。此外，图书馆与师生的互动程度不高，也导致高校图书资源构建与实际用户需求出现偏差，影响高校图书资源建设的顺利进行。

（二）数据资源比例不够合理

现阶段，图书馆已经构建了初步的图书馆数字资源库，但是由于对师生实际需求不够了解，往往会出现数字资源与实不符，大量数字资源闲置的同时师生需求得不到充分满足的情况。如在图书馆资源中大多是摘要类、书目类的数字资源，而多媒体文献、全文文献等数字资源份额较少，从而导致数字资源库各种资源的比例失衡，且图书馆中资源更新间隔时间过长、更新内容不稳定等原因也制约了数字资源的有效利用。此外，资源访问权限、图书数字资源的知识产权等问题的出现也导致图书馆资源服务质量不能得到有效提升。

（三）用户阅读模式改变

互联网信息时代的来临，也为高校师生提供了新型的阅读模式——数字阅读，新型阅读模式的出现对传统纸质阅读造成了很大的冲击，同时社会生产生活节奏的变化也导致整体阅读出现碎片化的特征。一方面高校师生对阅读资料由专一系统转化为休闲娱乐，且对于书籍的精简性要求更严格；另一方面，图书馆内长时间阅读的模式也逐步转化为课下间断的碎片式阅读。这种情况下，数字阅读模式得到更加广泛的发展，同时纸质报刊、书籍在高校师生阅读中的占比也逐渐下降，因此互联网信息时代为高校图书资源的优化配置提出了新的要求，数字信息资源的建设也成为图书馆资源建设的重要任务。

二、图书馆资源建设优化措施

针对以上问题，为了进一步优化图书馆资源建设，应在资源有效利用的目标下，从用户实际需求出发，然后制定以下措施：

（一）完善图书馆管理机制

以往图书馆单一的管理制度已经不适用于现阶段图书馆资源管理，因此图书馆需求根据实际发展，增设管理标准制度，如数字化服务标准、用户需求调查、用户隐私保护条例等，从而为图书馆资源服务提供规范的依据。为了提升图书馆图书资源的影响力度，图书馆可以加大图书馆宣传力度，如将现有图书馆资源制作成多媒体课件，或者视频等形式，增加图书馆与全校师生之间的沟通交流。网络促使图书馆不断地改革创新，因此图书馆应该正确认识到数字资源对自身发展的重要作用，从而增加电子图书资源的建设力度，不断加快数字资源的更新速度，从而在完善图书馆结构的同时，也可以保证各类数据资源配置更加完善。

此外，图书馆可与相关资源供应商签订相关协议，即为高校用户提供图书预定服务，高校师生可以依据自身需求在图书馆平台上预定图书，然后由图书馆买单，高校师生只能拥有借用观看权，然后在规定时间内返还给图书馆，最后图书馆对返还的书籍进行进一步管理，全程可在图书馆网络管理平台中进行，这种管理模式在降低了图书馆工作人员工作负担的同时，也可以促使图书馆资源得到更大程度的利用。

（二）构建图书馆数字化管理平台

为了进一步丰富图书馆图书资源内容，各高校可通过图书馆数字化管理平台加强之间的资源交流，优势互补，然后促使高校图书资源竞争力不断提升。如建立统一的图书馆网站网址，然后在网址中提供全国各个图书馆的图书资源，各高校师生通过在图书馆数字化管理平台中增强文化沟通教学，同时开展有效科研合作，对于高校整体竞争力的增强有着良好的促进作用。同时在图书馆数字化管理平台中可以制定书籍订购服务及阅读反馈栏目，从而依据用户的评价及书籍的订购比例，为图书馆图书资源采购提供借鉴，促使图书馆服务质量不断提升。

"互联网+"时代，高校师生的阅读模式的变化也为图书馆资源的构建提出了新的要求，因此在增设图书馆数字资源的基础上，图书馆工作人员也应该对高校师生的实际需求增加关注力度，如借助高校图书网站开展调查活动，然后通过对调查结果的分析，促使数字资源购置更加合理、规范，平衡各学科、教学资源与科研资源的配置结构，从而促使数字资源得到最大程度的应用。同时高校在进行图书馆资源建设时可结合优势学科需求，加大图书馆资源中优势学科的资源建设力度，从而促使图书馆服务质量不断优化提升。此外为了保证图书馆资源服务质量，图书馆可定期组织内部工作人员开展图书资源管理培训，同时增加计算机硬件设备的建设力度，如服务器等，在节省高校师生信息检索时间的同时，也可以及时发现网站运行过程中出现的问题，定期采取维护措施，促使图书馆资源服务质量不断提升。

（三）加强图书管理人员素质教育

"互联网+"时代下，由于图书馆资源构成的变化，对图书管理人员的工作能力也有了更高的要求。如为了促使图书馆数字资源可以得到最大程度的应用，在图书馆中可以设置一些网络咨询管理机构，然后图书管理人员就需要在管理以往纸质图书资源的同时，熟练运用高科技计算机技术，利用高科技信息技术构建网络平台，然后定期进行用户需求调查，切实了解高校师生的实际需求。因此图书馆应定期组织图书管理人员进行专业图书管理、信息科学等方面的培训学习，同时结合学校优势学科内容，促使图书馆工作人员不断提升数字资源网络管理能力的同时，也可以为学校各机构科研工作提供更优异的服务。同时图书馆也应逐步加强图书管理人员的职业道德建设，保证高校师生的个人信息不被泄露。图书馆的工作主旨主要为高校科研及教学进行辅助，为学生课下提升构建一个良好的平台，因此图书馆应正确认识到自身的工作职责，为全校师生提供完善的图书资源，同时根据不同学科的教师或学生的需求，制定相应的服务模式，促使图书馆信息资源库质量不断提升。此外，图书馆数字资源采购模式中，本地镜像需购买相应的电子设备且数据更新时间较长，但本地镜像的购买方式可以保证图书馆详细掌握全部的数据资源；而远程访问则可以节省大量的网络后期保养、服务器购买的费用，但图书馆的数据库管理权在运营商手中，两种方式各有利弊，因此图书馆在进行资源采购时可根据实际情况，灵活变换采购方式，如使用本地竞相购买一些电子图书等时效性较短的数据，而用远程访问的采购模式购买一些时效性较长的数据，如论文、期刊等。同时图书馆工作人员应注意与高校各个教学、科研部门的有效联系，从而时刻更新自身在图书资源管理方面的理念、模式等，同时图书馆应完善图书馆绩效考核激励机制，进一步约束图书馆工作人员日常行为，提高图书馆工作人员工作积极性。

综上所述，图书馆资源的建设在"互联网+"时代由于图书馆架构、资源配置不够合理、管理观念不够先进等原因导致图书馆服务质量不能有效提升，因此为了提升图书馆资源建设的效率，图书馆应正确认识自身在高校教学、科研过程中的重要辅助作用，然后利用计算机信息技术，构建图书馆数字化管理平台，从而与高校师生保持良好的互动，均衡图书馆各学科、教学与科研等数字资源，促使图书馆竞争能力不断提升。

第八节　纸质期刊促进图书馆资源建设

纸质期刊是图书馆重要的资源之一，具有时效性、信息量大且新颖、出版量大的特点。随着互联网时代的到来，越来越多的用户选择电子期刊，但是纸质期刊有许多电子期刊不能替代的优点，所以图书馆要加强纸质期刊的收录。本节主要介绍了纸质期刊的特点、电子期刊对纸质期刊的冲击和当前图书馆纸质期刊的现状，并提出了几点提高纸质期刊利用率的建议，希望能通过提高纸质期刊的利用率促进图书馆资源的建设。

图书馆是学生能接触到的拥有最全面的学术资料的机构，而纸质期刊是通过文字传播学术信息的重要文献，对学生的拓展阅读和教师的科研工作都有重要的辅助作用。信息化时代的发展导致了纸质期刊的式微，但电子期刊的阅读不能满足深度阅读的需求，所以图书馆要做好纸质期刊的收录和管理工作，丰富其馆藏资源。

一、纸质期刊发行与图书馆资源建设现状

（一）纸质期刊的特点

互联网时代，纸质期刊的优缺点都十分明显。优点是纸质期刊出版迅速、不受设备和技术的限制；阅读过程中读者还可以对其进行勾画、在空白处做笔记，可以满足人们一贯的阅读习惯；纸质期刊是经过专业人士的审核和专业编辑的校对之后出版的，内容更精确不易出现错误；一般来说纸质期刊会比电子期刊早出版 3 个月到半年的时间，读者可以通过纸质期刊了解到最前沿的动态；由于电子期刊发展的时间较短，有很

多的专家学者并不信任它，许多人更愿意发表到纸质期刊上，一般也是纸质期刊的权威性大于电子期刊。但是纸质期刊的缺点也有很多，一是时效性不强，纸质期刊可能会由于快递、邮政代码和发行延误等原因造成期刊的缺期和更新慢；二是图书馆要求纸质期刊不能外借给用户造成了很大的不便；三是图书管理员的失误也可能造成纸质图书的损坏、缺失。

（二）电子期刊给纸质期刊带来的冲击

电子期刊首次出现于 1993 年，随着计算机技术和互联网的迅速发展，图书馆馆藏期刊资源中电子期刊已经占据了半壁江山且正呈现不断增加的趋势，给纸质期刊带来了很大的冲击。电子阅读的普及给电子期刊的增加做了很好的铺垫，读者已经习惯了电子阅读的方式，越来越多的用户通过互联网访问图书馆的电子期刊，这种快捷方便的方式使纸质期刊的利用率大幅度降低。据调查，我国国民纸质图书阅读量十年内下降了11.1%，而电子读物的阅读量则增长了 33%，由此可见，电子阅读正逐渐取代传统的纸质阅读，期刊也不例外，"无纸化阅读"使纸质期刊的阅读量越来越低，从而导致图书馆不断缩减纸质期刊的订购量，这又进一步推动了电子期刊的发展。可以说，传统纸质期刊阅读量下降已经不可避免，电子期刊的兴起和爆发式增长不可避免。

（三）图书馆纸质期刊综合现状

图书馆几乎每一个教研室和实验室都已配备计算机，学生和教师都可以通过互联网访问校内图书馆的数字资源，比到图书馆借阅纸质期刊方便得多，而且图书馆的纸质期刊几乎不开放借阅，图书馆中收录的许多实时报道、文化娱乐、科学普及之类的纸质期刊比同类的电子期刊更受欢迎，但图书馆的不开放借阅的规定使许多读者更愿意选择电子期刊。现在大部分高校都购买了电子期刊数据库，通过校园网或学生的个人账号都能登录并自由下载文章和期刊，与纸质期刊相比，电子期刊数据库查询更方便。但是，纸质期刊的利用率虽然低，但大多数图书馆还是没有停止订购，这是因为电子期刊数据库发表文章有滞后性，而且很多学术期刊没有被收录到电子期刊数据库中，而电子期刊数据库中的期刊文章纸质期刊中都有。电子期刊和纸质期刊数据的重叠还导致了图书馆订阅期刊有重叠的现象。经调查，从各图书馆图书借阅的发展趋势看，学生和教师出入图书馆已经有下降趋势，现在的图书馆更多的是以自习室的作用存在着。

二、提高图书馆的纸质期刊利用率

（一）提高纸质期刊订阅质量

每次订阅纸质期刊时，采编人员要询问各院系老师同学的意见，或采编前下发调查问卷，对老师和同学推荐较多的期刊进行审核，选入采编目录中，还要对往年订阅的期刊进行筛选，老师同学都不推荐或阅读率持续走低的期刊从采编目录中删除。采编目录的选定标准根据学校的基础学科、一流学科、专业设置、新增或取消的专业制定，要做到基础学科的材料都包括、重点学科的资料多采集、完善基础学科和新增学科的期刊收藏量、提高重点学科专业的期刊量。据调查，图书馆中的科普娱乐期刊受到了广大学生和教师的喜爱，阅读量也很高，所以图书馆不仅要订阅学术期刊，还要适当订购一些科普娱乐性期刊，使图书馆馆藏尽量满足学生和教师的所有需求。电子期刊不断增长的趋势是不可逆转的，所以在订阅纸质期刊时，要注意适量订购与电子期刊数据库资源重叠的部分期刊，使纸质期刊的量既可以满足部分学生和老师的需求，又不会因为与电子期刊数据库有重叠导致纸质期刊利用率太低。据调查统计，各高校学报、自然科学类期刊、学术类期刊基本上都能在电子期刊数据库中下载阅读，社科类的期刊则较少，所以图书馆在订阅纸质期刊时，要把电子期刊是否在数据库中作为参考因素，多采购社科类和综合类的纸质期刊，适量采购自然科学类和学术类的期刊。另外，各高校可以组织一个权威机构，研讨图书馆如何全面完整地保存纸质期刊，如何突出本校图书馆的特色，各图书馆还可以通过此权威机构进行馆藏期刊资源的交换和共享，实现期刊资源利用最大化。

（二）提高管理水平

图书馆的管理主要在于馆藏结构和布局、检索系统和借阅规定三方面，建立科学合理的期刊馆藏结构和布局就要求图书馆根据学校专业和学段的不同对馆藏纸质期刊进行分类，如按照期刊自然科学、社会科学、计算机科学等类别分别设立不同的阅览室，或按照学生学习专业课、准备考研、准备创新实验等阶段分别设立不同的阅览室，注意按照文、理、工、农等学科安排阅览室。图书馆还应引进先进的计算机检索系统，使读者能快速找到自己需要的期刊，这种系统还便于图书管理员的管理，提高他们的工作效率。图书馆可以改变原有的纸质期刊不开放借阅的规定，允许读者借阅期刊并带出图书馆，这样可以提高读者对期刊的利用率，可以通过限制借阅时间、建立诚信系统的方式对读者进行约束，防止出现有借无还的现象。

（三）提高图书馆管理人员的综合素质

图书馆管理人员是读者与图书馆书籍之间的桥梁，图书管理人员要服务广大师生，在新的管理制度下，图书管理人员也应该改变原先的服务方式和服务理念，以新的服务方式和更主动的服务态度帮助广大师生找到期刊资源，做好期刊的推广工作，图书管理人员还要提高自己的文化水平和自身修养，对于图书馆内数字检索系统也要熟练运用，只有不断提高自己的综合素质，图书管理员才能给读者提供更好的服务，使纸质期刊能被读者利用发挥其价值。

总而言之，纸质期刊是高校重要的科研资源，对高校师生有重要的作用，虽然互联网时代的发展使电子期刊走进图书馆并迅速传播，但是纸质期刊仍然有不可替代的作用，在互联网时代，图书馆应做到电子期刊与纸质期刊并重，打造两种形式的期刊优势互补、长期共存的未来。面对纸质期刊使用率低的现状，图书馆应提高纸质期刊的订阅质量和管理水平，图书馆管理人员也要加强自身综合素质，使图书馆从馆藏资源到服务水平都有较大的提升。

第三章　图书馆资源创新研究

第一节　公共图书馆资源开发的创新

资源是人类社会赖以生存的基础，公共图书馆作为资源的重要组成部分，需要多种要素相互联系、相互利用进而不断发展。图书馆资源系统随着人类变化而变化，就现阶段信息化发展来看，公共图书馆应该紧跟时代步伐创新资源开发，充分发挥自身文化价值为社会提供更为便捷的文献信息获取形式创造更好社会效益。本节结合公共图书馆资源开发的重要性，分析加强公共图书资源开发创新的途径和利用率，为公共图书馆的进步发展提供参考。

从资源观的角度出发，对公共图书馆资源进行研究，是社会发展背景下的必然趋势。随着我国经济发展水平以及信息技术的不断强化，信息资源的发展对我国传统图书馆造成一定冲击，公共图书馆应该积极应对冲击积极变革，强化公共图书馆的功能，使图书馆发展紧跟时代步伐，强化自身服务性。就目前发展情况来看，我国公共图书馆对资源开发利用不足，缺乏创新意识，导致图书馆资源没有得到有效利用。亟待将资源开发与现代技术相结合，充分发挥公共图书馆的实际作用。

一、强化公共图书馆资源开发的重要性

图书馆是一个资源有机组成的集合体，作为一个资源系统不应该仅仅局限于信息资源和文献资源上，将一切可利用因素作为资源，并且结合资源利用开放性的优点，强化资源的动态发展，将图书馆功能最大化。将物质资源和人力资源相结合，利用独特的资源优势，建立适合公共图书馆发展的实施战略。随着信息技术的发展，资源的开发利用已经成为我国发展过程中的主要方向，图书馆资源作为文化资源的重要组成部分，强化公共图书馆资源开发俨然成为图书馆发展的必然走向。国家文化建设的需求，公共图书馆应积极响应国家号召，对图书馆资源进行创新应用，在现有资源基础上，在实践过程中对资源展开探究与发展，强化公共图书馆资源建设。图书馆资源结构中包含文献、人力、技术方法、建筑、制度以及文化资源，基于资源结构对图书馆资源进行全面开发，强化图书馆对外环境的控制及各种功能是图书馆发挥整体资源系统的前提，更是新时代下对图书馆提出的实际需求。利用现代化技术建设公共图书馆数字信息资源平台，能够在一定程度上丰富图书馆的内容，对图书馆的现代化发展起到重要作用，使资源实现智能化、数字化以及现代化管理，提升图书馆管理效率，进而使公共图书馆更好地满足民众需求。

二、加强公共图书馆资源开发的创新途径

（一）结合地域优势，创新公共图书馆资源传播途径

公共图书馆应充分结合自身资源优势，发挥地域特色，发扬本土传统文化，在促进城市文化建设的同时，强化自身资源利用率。结合各阶段读者需求，创办符合便捷化、舒适化、信息化的读书、藏书、借书系统

性综合体。通过开展调动读者兴趣的主题活动让读者能多渠道掌握文化资源，了解历史和人文，强化责任感和使命感。公共图书馆以服务群众文化需求传播知识为己任，将具有地方特色文献收集和传播，弘扬发展当地城市文化，挖掘更好的文学作品。图书馆应拓展资源传播渠道，与大型文献平台合作，运用信息化技术的优势，让读者选择自己喜欢的方式进行阅读，公共图书馆创新手段利用多媒体可以将视频、音频等内容展现出来，进而充分发挥地域公共图书馆资源，传播和宣传本土文化的精华。

（二）整合电子资源，创新公共图书馆资源推广渠道

结合网络优势，将公共图书馆资源进行整合开发，利用信息化技术，为公共图书馆在网络复杂的大环境中发展奠定坚实基础，发挥公共图书馆的资源优势。面对日益增长的信息浪潮，传统图书馆将纸质文献资源作为重要的文化传播载体，基于此种单一方式的传播已经不利于图书资源的有效利用，更不利于公共图书馆资源传承与发展。新形势下我国公共图书馆必须积极应对互联网带来的机遇与挑战，充分发挥自身资源优势，链接大数据文化共享进而真正起到强化人们精神文明的重要作用。公共图书馆以发挥对外服务为前提，建立信息资源开发标准，依据相关法律制度展开资源建设，为收集信息资源提供有力保障。图书馆信息资源开发的过程是一项长期的过程，需要工作人员利用计算机等相应设备，将传统资源转化为媒体资源，以便捷性高效化传播途径增强当下人们的文化需求，进而保证图书馆资源能够得到有效利用。在此过程中公共图书馆的信息资源在自动化数字管理平台的运行中进行区域性传播，为图书馆资源的开发与利用奠定基础。

（三）了解读者需求，创新公共图书馆资源应用系统

图书馆信息资源开发的最终目的是更好地服务于人们、更好地服务于社会。因此图书馆资源创新应从为人民服务出发，尊重人类的个性化需求，充分了解读者的实际需求，进而展开有针对性的资源创新。"以人为本"理念也是公共图书馆发展的根本理念，了解读者的实际需求是公共图书馆资源创新的必然走向，也是公共图书馆现代化建设的必然要求。公共图书馆的服务功能是其基本职能，在管理运行的过程中，应关注读者的个性化需求，开展多层次，全方位的服务，最终实现读者的个性化需求。建立公共图书馆资源应用系统，为读者提供针对性服务，提供阶梯性资源服务，使资源的运用和发展更具深度和广度。构建图书网络平台丰富互联网数字文献资源，强化公共图书馆大数据保护发掘文化资源利用。

公共图书馆馆藏文库中包含大量信息资源和情报数据，对图书馆资源的有效保护显得尤为重要，公共图书馆作为传承文化资源传播、收集、开发、利用、整理的中介，应肩负起为祖国现代化建设提供充分的文化信息保障，发挥自身作用，充分挖掘资源优势，提升文化资源利用率，最大化发挥公共图书馆的学习功能、阅读功能、信息传播功能、文化传承功能等。

第二节　信息资源网络化与图书馆服务

近年来，随着经济社会的快速发展，人们获取知识的渠道也随之增多，其中"公共图书馆"便是时代的产物。"公共图书馆"投入使用的主要目的就是为了服务社会，自带供大众使用的性质，它给人们提供了获取知识的平台，创造了良好的阅读环境，营造优良的阅读氛围。本节通过简

述公共图书馆与现代信息网络化结合的意义，进而提出服务创新的策略。

信息资源网络化是一种结合了数字化技术，信息处理技术，互联网技术以及多媒体等现代化技术为一体的新型运动形式，是现代化社会的重要组成部分之一。信息资源网络化一方面在本质上改变了传统书籍与网络的结合，另一方面也推动了经济，文化，教育以及科学技术的发展，为社会的信息化发展提供了推动力量。在这个快速发展的 21 世纪，随着互联网技术的不断发展与普及，给图书馆服务带来了一定的冲击，因此，怎样提升并完善图书馆服务体系是相关工作人员需要关注的问题。

一、图书馆服务与信息资源网络化结合的意义

任何一个图书馆都可以称作是宝藏知识库，其中收藏了最具有价值，最具有实用性的典籍和丰富的资源。图书馆与阅读是不可分割的两个整体，是社会上阅读存在的主要场所，在鼓动全民阅读方面发挥着重要的作用，同时也肩负着重大的社会责任，是其他场所无法替代的。我们只有身处在图书馆，才能感觉到拥有其中丰富而又优厚的知识宝库，才能体会到其中蕴藏的人文科学体系与人类文化结晶。自古以来，图书馆一直是凭借着其特有的文化优势，而占领着全民阅读推广的主要地位。因此，对于图书馆来说，保持与时俱进的服务理念，充分利用现代化信息资源不仅有利于自身内容体系的构建与完善，凸显出阅读优势，还能够树立自己的优良社会影响，体现文化价值。图书馆是一个保存人类知识文化遗产，探究新的信息资源，推动社会教育的场所，其与信息资源网络化的结合也是在群众中弘扬文化的主要方式。如果能够充分发挥现代化技术的优势，对提升社会的整体文化素质水平、发扬和传承图书馆的人文精神以及扩大图书馆对社会的积极影响范围有重要的意义。

二、图书馆服务与信息资源网络化结合的现状

（一）资金短缺

图书馆服务与信息资源网络化结合工作需要从多方面进行，通过丰富的形式来完成，因此，整个活动过程需要足够的资金作为支撑力量。对于任何项目来说，即使其拥有完美的策划方案，但是缺乏足够的资金支持，那么几乎无法达成预期的效果，甚至根本就无法预期展开。从当前的情况来看，虽然各大图书馆信息资源化建设的程度不同，但是大部分图书馆都存在缺乏资金的情况。

（二）缺乏丰富的活动形式

从目前的情况来看，图书馆与信息资源网络化结合的形式非常单一，很多图书馆施行策略的形式几乎雷同。造成这个结果的主要原因就在于图书馆对资源信息网络化服务工作开展的重视程度不高，缺乏创新创造思想，缺少积极深入探索的精神。这样一来，工作开展的形式无法满足现代读者的需求，效果自然越来越不尽如人意。

（三）缺乏良好的宣传方式

图书馆进行服务信息资源网络化改革的主要目的就是在群众中传播知识，让文化信息被更多的人知道。而对于绝大多数活动来说，如果在中、后期缺乏科学合理的宣传方式，宣传力度不够会直接对最后的效果带来消极影响。从当前的情况来看，图书馆服务信息资源网络化改革的问题主要在于宣传力度远远不够、宣传的方式也欠佳、宣传范围的广度不够大三方面。

三、图书馆服务与信息资源网络化结合的策略

（一）充分发挥互联网平台的优势

在当前这个信息化的先进时代，互联网技术使人们的生活方式产生了很大的改变，尤其是对读者的阅读方式的影响。从目前的数据统计情况来看，人们对纸质书籍的阅读率正在逐年降低，而对网络电子信息的需求量越来越大。由此看来，图书馆要想实现阅读服务与信息资源网络化的结合，可以充分利用互联网技术，发挥网络平台的优势进行书籍的推荐。例如，图书馆可以开设一个官方网站，在官方网站中设置阅读专栏，通过专栏向读者们推荐好书和新书。这样一来，图书馆依旧可以引导读者的阅读方式，向他们推送好书，这不仅仅是图书馆对自身价值的提升，更是完善并优化信息资源网络化服务的有效措施。

（二）全面深化网络服务的内涵

从目前图书馆信息资源网络化服务改革工作开展的情况来看，虽然很多地区的图书馆都为了保持与时俱进的现代化服务理念并响应国家实现全民阅读的号召，构建了一系列服务改革体系，使得群众中阅读的基数有大幅度的上涨，但是其活动内容与形式依旧需要有本质上的提升。例如，在活动内容方面，图书馆可以响应当前时代的号召，充分彰显出社会主义现代化的核心价值观，对一些文化糟粕之处进行筛选；在活动形式方面，图书馆可以通过不断探索，从而研究出最有效的开展方式。顺应时代的要求，与社会发展的主旋律保持一致，是图书馆服务信息资源网络化建设的保障。

（三）优化馆藏体系

在这个高速发展的社会，图书馆要想使阅读服务信息资源网络化改革

工作的展开充分贴近读者们的生活，满足他们的要求，最重要的就是应该优化馆藏资源的构成体系。例如，图书馆可以通过一些调研或者是采访的形式，对读者的阅读服务进行了解，以读者为主体，明确他们在采访过程中的主体地位。这样一来，不仅能够丰富馆藏资源，还能够使馆藏资料更具有现实意义与针对性，提升资源的价值，为读者提供优质的阅读资源，推动图书馆信息资源网络化建设的发展步伐。

综上所述，图书馆服务信息资源现代化改革对于提升社会的整体文化素质水平有着至关重要的意义。因此，图书馆的相关工作人员应该意识到改革过程中存在的问题，并及时采取科学合理的措施，积极探索创新，借助主流的互联网平台，优化馆藏体系等方式对活动的劣势进行改正和优化，从而为读者提供优质的阅读服务。

第三节 "互联网+"图书馆文献资源

在"互联网+"环境下，图书馆文献资源服务模式已经发生改变，本节在详细了解"互联网+"对图书馆文献资源管理的影响后，对未来服务创新的工作方法进行了详细分析。

文献资源是现阶段图书馆社会公共服务的重要组成部分，传统模式下文献资源服务存在僵硬、缺乏人性化的问题，而面对当前多元化的阅读需求，这种服务方法已经无法适应图书馆服务，必须要进行改变。因此对相关人员而言，必须要立足于"互联网+"寻找新的服务模式，这也是本节研究的重点。

一、"互联网+"对图书馆文献资源管理的影响

（一）"互联网+"改变了读者的阅读模式

"互联网+"时代增强了社会的信息流通能力，每个人都能成为信息的发现者与传播者，在这种"信息大爆炸"的环境下，人们的阅读方式发生改变，有研究调查显示，现代人的阅读方式越来越多地呈现出碎片化、跳跃化的特征，很多人无论是书籍阅读还是网络阅读，都表现出了片段式阅读的特征。

同时，"互联网+"改变了人们获取信息的方式，在互联网技术的支持下，可以发现人们在线阅读的时间与比例显著提高，已经成为一种常见的阅读模式。与传统书籍阅读模式相比，网上阅读更加人性化，读者可以根据自己的需求选择文献资料的颜色、背景图案、大小比例等，这些都是传统阅读模式所无法实现的。

（二）"互联网+"下图书馆文献资源服务模式面临的挑战

1.服务模式滞后，无法适应读者需求

在传统的图书馆文献资源服务中，服务内容呈现出相对静止的状态，工作人员所需要提供的服务内容也是有限的。但是在"互联网+"模式下，读者所产生的需求会发生进一步变化。一方面，电子阅读的发展会影响图书馆文献资源的利用效率，直接导致传统的服务模式环境发生变化，图书馆的文献资源服务不能单方面局限于实地服务，而是要积极探索互联网空间等所产生的新型服务，但是目前很多图书馆都无法实现这一目标。另一方面，图书馆的文献资源服务在"互联网+"环境下表现出适应性差的问题，很多新技术没有得到应用，服务模式过于滞后，缺乏预见性。

2.数据管理能力有待提高

有研究认为，在"互联网+"时代下，读者对文献资源的需求能力已经呈现出专业化、多样化的特征，而图书馆传统模式下的单一信息服务模式无法适应当前工作需求。而造成这一问题的主要原因，就是图书馆在文献资料管理上并不具备相应的数据管理能力，只能对相关文献资源进行分类储存、查找等，很多具体的功能没有实现，在一定程度上降低了服务水平。

二、"互联网+"环境下图书馆文献资源管理服务创新路径

（一）完善服务模式，合理运用手机 APP 与微媒体

对于图书馆工作人员而言，在"互联网+"环境下应该充分认识到手机 APP 与微媒体的重要性，并以此为媒介寻找新的服务模式。例如，可以直接在微信公众号上以本图书馆为 ID 注册平台，并提供文献资料服务，这样读者能够直接在关注公众号之后，通过检索关键词来获得自己想要的文献资料，有助于提高对图书馆服务的满意度；而图书馆的相关文献管理政策，也能够通过公众号直接发送到读者手机上，实现了图书馆与读者双方的有效交流。在条件允许的情况下，还可以直接推出图书馆文献的手机 APP，该 APP 应该根据图书馆文献资源管理服务的对象开设不同的板块，包括学生板块、教师板块、权威文献资料板块等，使读者可以直接通过 APP 查阅文献资料。而在 APP 功能完善过程中，可以借助大数据技术，记录读者的文献查阅信息与浏览时间，对于多次检索并且长时间阅读的文献资料，可以利用 APP 的信息推送功能随时推送给读者，减少读者不必要的查阅步骤，有助于提高服务满意度。

（二）强化数据管理能力，解决文献资源服务的突出问题

在传统的图书馆模式下，文献资源服务的种类与形式相对单一，需要读者前往图书馆查阅自己想要的文献资料，这种情况对于日常工作繁忙、行动不便的人群而言是不利的。而在"互联网+"下，图书馆需要进一步强化文献资料管理能力，并针对有不同需求的读者提供个性化服务。例如，图书馆可以建立互联网平台，该平台的主要职能是统计读者的阅读需求信息，若读者对某些文献资料产生需求之后，可以直接在平台上阐述；而该平台则通过大数据技术，快速抓取用户需求的关键词，了解读者想要阅读的文献资料，并统一反馈给工作人员；图书馆可以与本地的上门服务单位达成合作，将相关资料通过快递的方式邮寄到家中，保证用户足不出户就能阅读文献，这样能够扩大图书馆的用户群体。

（三）合理利用云计算技术，打破传统的文献管理模式

"互联网+"让图书馆文献资源服务的方式更加多样化，因此为了能够向其他读者提供针对服务，工作人员还可以借助云计算技术，进一步完善服务模式。首先，需要通过大数据统计不同读者的阅读兴趣爱好，并根据兴趣爱好进行分类，如历史资料、政策资料、文学资料等；在分类之后分别建立云计算平台，此时可以通过技术成熟的"百度云盘"等手机APP，将相关资料上传到云盘上，工作人员作为网盘的管理人员，定期对网盘信息进行更新。当读者对某些文献产生需求之后，将需求向工作人员反馈，工作人员可以快速在网盘中查阅资料，并通过网盘的"好友分享"功能，直接将文献分享给读者，方便快捷。

"互联网+"带动了图书馆文献资源服务模式的变革，因此工作人员应该充分认识到相关技术的先进性，完善技术应用路径，充分发挥技术优势，从多个角度入手为读者提供服务，这样才能充分发挥图书馆的社会价值，为公民的学习与生活提供支持。

第四节　"互联网+"县级公共图书馆信息资源

互联网时代对县级公共图书馆原有的信息资源形成巨大冲击，同时也对县级公共图书馆进行信息资源的扩充，为其提高服务水平带来了相关的技术支持。对此，需要县级公共图书馆在"互联网+"视域下，对自身的信息资源创新策略进行全面系统的研究，更好地履行自身的社会责任。本节将围绕这一课题进行专项研究，并提出几点建议。

县级公共图书馆一直是人们获取专业信息的重要场所。而在"互联网+"的时代背景下，县级公共图书馆的信息资源已经无法满足人们的信息需求。要想早日走出这一瓶颈期，必须对现有的信息资源进行整合与扩充，使其更加丰富、全面，信息查询方式也更加高效便捷，充分发挥出县级公共图书馆的社会职能。

一、树立起正确的发展观念

随着互联网技术的快速发展，人们获取专业信息的渠道变得更加多元化，这对县级公共图书馆造成了严重冲击，有些图书馆甚至因此陷入发展瓶颈。针对这一问题，县级公共图书馆必须树立起正确的发展观念，明确自身的发展优势以及目前所存在的弊端，有针对性地做好对各项工作的部署，具体需要着重做好以下两方面的工作。首先，明确读者的主体地位。在此基础上，本着与时俱进的理念与原则，借助先进的网络技术，对自身信息资源的储备进行最大限度的扩充，同时对信息查询方式进行改革与创新，建立自动化、智能化以及数字化的信息查询及共享平台，确保读者以最快的速度、最便捷的方式搜索到自己需要的信息资源。其次，强化内部管理力度。在这个过程中，需要淘汰、更新、优化与调整不符合当前实际情况的管理条款，使内部管理制度得到进一步的健全与完善，以此来提高全体工作人员的服务意识与质量，全面激发出工作人员的工作积极性与工作热情，促进图书馆服务水平的整体提升。

二、建立起完整的馆藏体系

如今，人们对信息资源的需求越来越多样化，这对县级公共图书馆的馆藏结构提出了更高的要求，需要图书馆针对自身的馆藏结构进行优化调整。在这个过程中，首先，必须从读者的角度出发，对文献资料副本的数量进行合理的规划，使其能够充分满足读者需求；其次，还要充分利用互联网技术，建立数字化文献系统，以此来提高文献资料的储备量，同时促进文献利用率的提升；再次，基于互联网技术建立起来的数字化系统与纸质书籍和阅读资料相比，有效突破了时间以及空间上的限制，读者可以在网络环境下随时随地地获取文献资料，实现真正意义上的资源共享，极大地提高了读者对图书馆服务的满意度；最后，互联网技术的支持为各个图书馆之间提供了合作的平台，将图书馆之间的信息资源共享变成了现实。在这种合作机制之下，不但使县级公共图书馆的馆藏结构得到全面优化，使其空白之处得到了及时有效的补充，也让县级公共图书馆成为真正意义上的信息资源中心，其社会价值也得到了大幅提升。

三、提高馆员的职业素养

首先，县级公共图书馆要加大对现有工作人员的培训力度，从图书管理专业的基础理论知识开始讲起，使其掌握丰富的图书管理专业知识；

其次，还要结合本馆的实际情况、社会发展水平以及读者需求，开展服务理念、工作方法、管理技巧、服务态度等诸多方面的培训，全面提高现有人员的职业素养；最后，面向社会广泛吸纳高素质、高水平的专业人才，与各大高校合作，为图书管理专业的优秀毕业生、实习生提供参与就业实践的机会，通过多种渠道壮大自身的人才队伍，全面推进县级公共图书馆网络化、智能化以及数字化的发展速度。

四、提供多元化的服务项目

在当前的网络化时代，县级公共图书馆要想实现自身的健康发展，就必须充分借助网络技术对图书馆现有的服务项目进行扩充与延伸，建立起多元化的服务结构。在服务方式上，要使传统的图书借阅朝着数字化、网络化以及自助化的方向发展；在服务内容上，不仅要提高图书、文献资料的借阅服务质量，还要结合一些主题举办展览、培训、讲座等一系列文化活动，吸引更多的读者来到图书馆，体验图书馆的优质服务，从而提高县级公共图书馆在读者群体中的影响力。

"互联网＋"的新媒体时代赋予了县级公共图书馆更多的社会责任。对此，图书馆及其管理人员要认清形势，加快内部的改革进程，充分借助互联网技术及信息技术，开拓新的图书借阅及信息资源的共享服务，努力完善自身的馆藏结构，与其他公共图书馆进行合作交流，互通有无，优势互补。同时，要提高工作人员的整体素质，只有这样，才能为读者提供优质、细致、周全的服务，更好地履行其自身的社会责任。

第五节　图书馆文献资源建设和服务

一直以来，艺术院校作为其教学与科研服务的主要教育机构，其承担了为用户提供信息需求的重要使命。考虑到艺术院校教学方针以及学生专业带有的特殊性，其实际的文献收藏和对应的用户服务也会明显区别于普通高校。所以本节就艺术院校图书馆文献资源建设和服务创新进行探讨，希望可以推动艺术院校图书馆的可持续发展。

随着高校建设步伐的不断加快，图书馆作为高校信息资源服务中心，还需要以全新的、积极的姿态来发挥其作用。在艺术院校图书馆建设中，文献资源作为其核心基础工作，还需要将其摆放在特殊的位置上，能够在提升服务、转型发展的过程中不断寻找新的思路，这样才可以增强文献建设的质量与效果，最终提供坚实的信息服务后续的教学与科研。

一、艺术院校图书馆用户需求特点

（一）信息需求实用性

信息需求实用性指的是基于实际使用的信息需求作为导向，能够对信息资源原则进行判断和评价，就成为信息资源是否能够解决实际问题的关键。信息需求本身来源于日常的工作、学习与生活，尤其是在面临需要解决的问题时，信息需求变得愈加强烈。由于艺术院校图书馆的服务对象几乎都是艺术生，在日常的训练和学习过程中会参考大量音乐作品、影视作品，以便提升专业技能，那么他们作为图书馆最主要的用户，信息需求的实用性极强，其更多的是去关注艺术技能的信息资源，很少关注不能帮助提升艺术技能的图书馆资源。

（二）信息需求直观性

艺术院校用户对于文字信息的实际依赖性偏小，其在分析与处理信息的时候主要是利用视觉与听觉。和其他高校的图书馆用户相比，艺术院校图书馆的用户更倾向于使用音频和视频等资料，其真实的信息需求的直观性也较强。所以，基于用户的需求出发，艺术院校图书馆就需要在馆藏结构上做好图像资料、影响、音像资料、多媒体资料等的收藏与保存处理。

（三）信息需求个性化

信息个性化的需求，指的是各式各样的用户信息需求，因为个体存在差异，所以信息需求自然也不同。如针对喜欢动漫的图书馆用户，其信息需求会表现出对动漫的喜欢；如果用户喜欢文学，在选择阅读的书目时就会偏向散文、小说、纪实文学等。艺术院校本就设有多个专业，加上每一个专业之间有较大的跨度，每一个学生的行为特征和学习习惯都存在区别，这样都会对艺术院校学生的信息需求带来直接的影响，所以，还需要将个性化的特点完全呈现出来。另外，考虑到艺术院校师生拥有鲜明的个性，其存在较为强烈的个性张扬与求异心理，导致其对于图书馆的信息需求也会存在一定的差异，最终使得用户的个性化信息需求也逐渐变得强烈。

二、艺术院校图书馆文献资源建设与创新服务的重要举措

（一）注重数字化资源建设

对于高校学生而言，就业是其最为关注的问题。图书馆在将信息资源提供给广大师生用户的同时也可利用相关资源引导学生们提升就业能力、

提高职业素养，帮助他们更好地就业。如图书馆有意识地配置一些就业类、求职类的书籍，让学生获得就业知识服务，并积极建立毕业生就业企业信息库，基于艺术院校毕业生就业的去向与特征，针对各类院校、艺术团体、企划公司等事业单位的最新情况和职位需求等有更多了解，方便学生们在数据平台的支持下及时掌握新的招聘信息，从而推动其就业。

另外，在教师的教学与科研工作开展中，信息资源也是不可或缺的基础条件。图书馆还要和教师加强沟通，可以对信息资源的不同需求有准确的把握，能够积极为教师的教学与科研工作开展奠定信息支撑条件，并且也能够在专门的教育领域或者是研究领域之中给予帮助。

同样，基于艺术院校的实际特点，还能够为教学提供资源方面的支持。如利用案例教学法，就是具有较强应用性的教学方法，其主要是利用贴近于生活的案例，调动学生学习的兴趣和积极性。这样的方式目前已经被广泛应用于艺术院校，需要图书馆凭借自身信息资源优势，为教师提供丰富的素材。如一些院校建立绘画作品陈列室，直接展现出历代的绘画珍品，供美术专业的师生欣赏、临摹，并配合对绘画作品的讲解、分析、研究，提高理论联系实际的成效，最终帮助学生实现对知识的全面、深入、系统地掌握。

（二）注重以人为本，提供个性化服务

在现代各项工作科学发展中，以人为本作为其总体要求，考虑到艺术院校学生个性特质，图书馆馆员还需要梳理鲜明的以人为本的服务理念。即图书馆要从用户的需求出发，充分尊重艺术院校师生的专业特征、学科特征、个性特征，为他们提供舒适愉悦的环境。与此同时，树立个性化服务理念，为师生用户提供具有个性化的信息，从而引导师生做好知识的创新，从而改变原本被动接受咨询的工作模式，最终推动师生学

习与工作的有序实施。在环境营造方面，图书馆不但要保持环境的舒适、优雅，还要体现出艺术性特征，并注意图书馆服务的实用性体验，能够致力于在各个环节促进读者体验要求的全面落实。

（三）采纳读者意见，提高馆藏质量

艺术院校图书馆本身拥有特定馆藏知识体系的保障，需要个性化的需求，这样也使得图书采购的手段与方式变得灵活多样。艺术院校图书馆本身存在经费不足、人员较少等问题，所以，图书馆在实施图书采购之中，就可以利用读者推荐、书商供应、网上购买等渠道来实现。按照专业设置购买对应的图书，做好各个专业文献比例、经典文献、文献载体结构等对应的合理分配。当然，注重采购人员的基本素质，能够定期与师生进行相互的交流，能够了解师生的购买需求和最新的前沿咨询。并且注重采购人员工作能力的同时，还能够强调合理有效的监督机制，这样才可以打造一支具有较高业务素养的采购队伍。

（四）强调与读者交流沟通

在艺术院校图书馆中，强调其服务需要逐渐从服务馆内读者朝着服务利益相关者延伸；基于书的图书馆朝着人的图书馆不断拓展，实现层次的递进。作为艺术院校的图书管理员，其直接决定了创新服务的关键。作为图书馆服务的主题，学生，就直接决定了图书馆管理理念的有效实施。首先，基于读者为主体的服务理念，能够真正关心学生的实际需求，能够尊重其个性化发展，给予更为广阔的发展空间，以此来调动学生的创作灵感和学习热情。其次，图书馆还需要树立个性化的服务理念，能够真正地拓宽思路，将自己融入学生中间去，能够主动与学生相互交流与沟通，进而推送个性化的定制信息服务，最终帮助教师和科研人员在艺术领域之中能够有所建树，最终实现理念的融会贯通。

总而言之，考虑到艺术院校与一般高校不同，在文献信息需求方面，其本身带有较强的直观性、个性化、便捷化等诸多需求。所以，这就要求艺术院校的图书馆能够做好文献资源的建设与服务创新，这样就可以真正提高图书馆的服务水平，推动艺术院校的可持续发展。

第六节　大数据时代的图书馆文献资源建设

信息技术的迅猛发展及大数据时代的到来，使图书馆在转型发展中也实现了文献资源建设模式的创新。基于大数据的时代背景，图书馆文献资源建设更侧重于大数据理念与技术的创新应用，借助大数据进一步优化读者服务体验。本节主要就大数据时代下图书馆文献资源建设模式创新进行了探讨，明确其资源体系构成和推广策略，以期更好地促进图书馆文化建设价值的发挥。

网络技术与大数据技术的迅猛发展，使海量的数据转化为无形的财富，为各行各业的发展提供信息及数据支持，成为行业决策的重要参考和依据。大数据倡导的是多维度的数据思考，以详细资料为基础进行真实的决策分析，提高信息回报率。当前，大数据理念逐渐深入人心，大数据应用的成功案例越来越多，大数据产业发展实现了规模化、集聚化，信息共享程度明显提升。

大数据具有以下四个特征：一是数据的海量化，类型多元化。大数据涉及的信息涵盖各个领域，数据种类繁多，音视频图文资料并存。二是数据体积庞大。例如，国际社交网络巨头 Facebook 平台每小时生成的日志数量在300TB 以上，数据更新快、流动快。三是数据价值高。大数据技术使专业知识在专业领域内集聚，专家学者借助信息平台进行信息共享与沟通，在无形中提高了数据的价值。四是数据流动速度快。当今科技发展日新月异，大数据与时俱进，也具有动态变化性，信息处于不断更替与衍生的状态中。正是因为大数据具有的这些显著特征，对传统的图书馆文献资源建设造成巨大冲击，因此，图书馆必须做好大数据时代下文献资源建设模式的创新分析。

一、大数据时代图书馆文献资源的基本构成

大数据资源既包括读者数据也涉及统计数据，更牵涉到图书馆核心数据资源。图书馆建设发展的落脚点是读者需求的满足和读者体验的优化，文献资源则是一切服务与优化的基础，没有资源就没有价值可言。大数据时代，图书馆文献资源的构成更加多元：第一种是图书馆自建文献，即本馆的馆藏特色体现和特殊的文献资源建设。第二种是受文献资源购置费的限制，无法大量建设的宝贵资源。第三种是免费而丰富的文献资源，其传播与分享不受时间和空间的限制，也可以进行大量的传播和复制，丰富原有的馆藏资源，在经过一段时间后成为图书馆内在的文献资源。这种文献资源往往与大数据技术联系在一起，在图书馆经费紧张的情况下可以丰富和补充文献资源，优化读者体验，这也是大数据时代图书馆文献资源建设的主导方向。

二、大数据时代图书馆文献资源建设价值

文献资源是图书馆建设发展的基础，无论是教学科研还是社会发展都需要文献资源的指导，从本质上说文献资源能够推动人类社会的进步和发展。文献资源数据信息对科学研究成果和质量有着决定性的影响。文献资源建设的重点是发挥大数据的时代技术优势，推动图书馆文献资源建设模式的创新，着重点是文献资源库的建设和资源的更新。图书馆必

须重视文献资源建设，在进一步汇集、筛选、验证、分类及重新编制文献资源后，助力科研、教学及用户服务。

三、大数据思维指导下的图书馆文献资源建设优化

（一）大数据为文献资源采购提供决策指导

图书馆的大数据来源渠道广，信息种类多，涉及图书馆业务数据、文献数据和用户数据等多种数据类型，用户使用数据是用户在使用图书馆信息资源或信息设施的过程中被计算机存储的行为数据。这些数据是用户偏好的反馈，也是用户阅读习惯、信息诉求的反馈，既有网络中的信息行为数据，也有物理空间中的信息行为数据。大数据技术将这些用户行为数据整合起来，通过优化分析，促进图书馆文献信息采购目标的明确，带动文献信息采购流程的优化，提供能够满足读者多元信息诉求的多样化的信息资产。图书馆创新大数据应用，掌握读者使用资源的交互数据，例如，图书浏览量、数据库访问情况、下载量、检索偏好等，做好各种文献资源的读者利用评估，通过用户检索日志，明确当前图书馆馆藏资源的利用情况，进而指导文献资源采购。无论是图书馆文献资源的采购决策、资源的优化配置，还是数据库的资料调用都能获得科学的数据支持，为图书馆再造文献采购模式提供保障。

（二）大数据推动读者决策采购模式的发展

图书馆文化建设功能的发挥普遍面临经费紧缺的限制。相关调研发现，图书馆外文纸质期刊和外文数据库购买力都出现不同程度的下降，传统图书馆采取的整库购买或者集团购买的模式已经明显不适用。在经费紧缺的情况下，图书馆开始尝试按篇付费，这在期刊论文订购方面表现得最为明显，读者按需购买，避免经费及资源的浪费，同时也使读者

决策采购的思路更加清晰。读者决策采购就是 PDA 采购，其以读者的阅读需求量为分析指标，为图书馆文献资源建设提供决策支持。

（三）大数据创新图书馆资源动态管理机制

大数据实现了图书馆资源的动态管理。图书馆文献资源的建设离不开文献资源的科学组织与整合。以往的图书馆文献资源建设过度重视资源的购买，忽视资源的有效组织和整合，导致文献资源整体建设水平较低。互联网时代知识更新迅速，用户面对纷繁零散的知识点更希望获得完整的知识体系服务，而大数据技术为知识体系的动态建构和检索的有效呈现提供了技术支持。例如，谷歌知识图谱、百度知识图谱等系列搜索引擎的出现，使图书馆资源的动态管理落到实处，用户输入关键词进行检索，既能获得多形式、多知识点的关联结果，又能扩展用户的知识体系，丰富其知识认知。大数据环境下，单一媒体信息是很难吸引读者关注的，而借助移动终端实现图文融合信息资源的接收更受读者青睐。大数据技术与图书馆文献资源建设相融合，能够实现产品的开发、出版、传播和发行，促进音视频资源的整合，提升图书馆文献资源的吸引力。

四、大数据时代下图书馆文献资源建设的创新举措

（一）树立图书馆文献资源大数据思维

大数据时代，各领域对数据的要求逐步由随意向系统转变，对比传统文献资源数据，大数据时代下的数据更加多样与复杂，而图书馆文献资源建设的优化要求其必须树立大数据思维，对不同用户行为要平等看待，了解用户需求，关注用户诉求，以大数据为主导，采取读者决策采购方式进行资源建设。同时，图书馆还应充分重视相关数据存储及管理，改变传统的图书馆管理模式。

（二）加强针对图书馆员的大数据培训

大数据技术在图书馆文献资源建设中能否得到应用，前提是做好针对图书馆员的大数据培训。面对纷繁复杂的信息，技术人员需要对这些信息进行统一集中处理，因此，图书馆应加强针对图书馆员的大数据技术培训，引导他们利用相关数据分析工具进行数据的分析预测，利用数据挖掘软件如 Citespace、LherMmer 等实现科学知识图谱的可视化绘制。通过培训，图书馆员不仅能及时了解和预测科学发展前沿动态，而且能根据用户的不同需求，提供有针对性、个性化的推送服务。除加强专业培训外，图书馆还要加强服务技巧的指导和服务理念的创新宣传，使图书馆员意识到大数据的时代价值，积极主动地参与图书馆文献资源建设，实现大数据指导下的图书馆建设管理优化。

（三）做好自动化管理系统的优化升级

当前，图书馆馆藏占比较大的是人文和社科方面的书籍，受多种因素的影响，其质量较低，且馆藏保护不当，损毁严重，严重影响图书馆借阅量的提升。而多数图书馆忽视用户数据信息的收集，无法为用户提供更全面的决策支持。加强图书馆自动化管理系统的创新升级，能够辅助图书馆员基于当前的数据信息反馈，制定图书馆文献资源建设策略。作者的简历、背景及作者在相关领域的著述成就，以及其发表的相关作品、被读者借阅的数量和检索频次等都可以通过大数据自动化管理系统获得。而新书目录被导入图书馆馆藏系统之后，能够实现相同作者不同作品的关联，减少了图书馆员的工作量，扩大了图书馆管理模式的使用范围，促进了图书馆文献资源的建设和发展。

大数据的发展是大势所趋，基于大数据时代的特征，发挥大数据技术的优势，做好图书馆的转型应对具有现实必要性。不可否认，大数据技术对图书馆资源评价、选择、组织及服务等工作产生了重要影响，图书馆必须重视大数据技术，树立大数据思维，创新图书馆文献资源建设模式，科学有效地采集、存取及管理相关数据，在数据整合的基础上提炼有效信息，为图书馆管理决策提供数据支持，为读者服务优化奠定理论基础。同时，图书馆也应看到大数据的局限性，在图书馆文献资源建设模式创新中必须结合实际，量力而行。

第七节　用户驱动下的图书馆资源建设

在互联网技术和数字化发展的影响下，图书馆应加强与用户在资源建设、服务创新方面的融合发展。提出"以用户为中心"的观点，在分析用户驱动发展因素的基础上，介绍国内外图书馆资源建设和服务创新中用户介入即"用户采购权""联合采购"等事例，建议图书馆利用内部规划机制、知识增值和嵌入式服务、培养提升用户体验等策略更好地服务用户，促进图书馆创新发展。

Von Hippel 早在 20 世纪 70 年代就提出"用户是创新者"的革命性观点，以往图书馆多将用户看成是服务对象和重要的环境因素，而忽略了用户参与是一项重要的服务创新资源。随着互联网技术应用和信息传播方式的改变，用户资源利用习惯、阅读方式发生了重大变化，已从单纯的使用者向创建者和传递者转化，传统的馆藏实体资源逐渐向丰富的电子资源建设迈进，用户参与知识创造、图书馆与用户协作渠道的开发形成必然趋势。用户角色的多样性必然引起图书馆资源建设和服务创新变化，图书馆应充分认识资源建设中用户介入的重要性，加强与用户在资源建设和服务创新两方面的融合发展，提高智慧服务能力，创建"以用户为中心"的馆藏资源和创新服务方式是建设发展的目标和方向。

一、用户驱动的发展因素分析

只有认知未来资源建设结构与服务模式中用户驱动的重要性，把握用户对图书馆资源构建及服务创新介入的因素体系，才能真正实现用户、资源、服务三者的有机结合。笔者试从资源构建的导向、技术的频繁应用、个性化的需求方式、异构数据的价值四方面分析用户驱动的产生因素。

第一，资源构建的主导发生变化。过去图书馆是纸质资源的拥有者，在资源整理上拥有绝对的主导权与话语权，用户必须遵照图书馆制定的规则行事。而在"技术应用，数字为先"的时代，用户从到馆变为线上，从有线网络服务变为无线移动服务，空间和时间的制约已消弭殆尽。图书馆纸质资源建设无论是从预算还是数量上，远远跟不上数字资源的增长，原有的服务方式也在悄然发生改变。技术与数字化改变了图书馆完全主导者的地位，使得其成为资源整理技术方法的"应用者"，用户则提升为资源整理技术方法的重要因子，驱使图书馆无论是主动还是被动，都要将用户需求引入资源建设和服务系统的重要环节。

第二，技术的频繁应用。现代传播技术、信息交流技术、移动互联网技术已经渗透、影响到用户生活与学习的各个层面，改变着用户思维和使用习惯，也渗透到图书馆的资源建设与日常服务之中。这些技术的应用对资源的分类链接、数据的甄别获取、服务的推送实现等起着组织、发布和呈现等关键作用，要求图书馆要熟练地掌握虚拟化、可视化、网络化、智能化的应用与开源开发，更需要利用这些技术对图书馆的业务流程、资源规划、团队协作等方面进行适宜的调整与重组。

第三，个性化的需求方式。用户基于智能化技术、集成化平台、便捷化网络实现其生活、学习和工作中的人机交互、人人交互、物物交互，交互载体的不同和体验的更新驱动着用户多样化、个性化的需求。尽管市场上有不少针对图书馆用户的技术产品，但因企业研发人员缺乏专业背景，对用户实际需要感受和认知不足，单靠产品难以满足用户。图书馆具有专业背景，又是服务一线，能直接感知用户的需求变化，积极响应资源建设、创新服务中用户对资源结构、数字获取、信息推送等个性化兼具深度服务的要求。

第四，重视异构数据的价值。社会已从 IT(Information Technology) 社会向 DT(Data Technology) 社会快速转变，用户因使用产生的数据数量、类型和价值不断增长与丰富。图书馆对异构数据最鲜明、最有价值的利用途径和方法是：捕捉、分析、组织与研究用户使用习惯、特点等，对用户行为特征进行分析和挖掘。对用户产生的异构数据的存储、转换、分析、利用方面的实践，必然给图书馆资源分析习惯、服务方式带来挑战，培养专业数据技术人员，创建服务创新模式，形成对服务终端的科学、有效管理是当务之急。

二、用户驱动下的图书馆资源建设与服务创新事例

近年来国内外图书馆在用户驱动下，均在馆藏资源建设中加强与用户的协同融合，有意识地增强用户介入，如国外图书馆的"用户采购权"（PDA，Patron Driven Acquisition）、英美等研究型图书馆针对科研用户的数据协作措施、国内图书馆的"在线采购、读者书目推荐"等方式，都突出反映了用户对资源建设的选择与决定权对图书馆创新服务产生的促进作用。

用户驱动下的图书馆资源建设，我国不少图书馆在资源建设方面采取了多种方式的用户参与，如资源组织的评选、决策采购、个性化选书等，以满足用户个性化资源需求。还有一些图书馆采用在线采购、读者书目推荐的方式，将资源建设采购权由图书馆转移到用户群体中，更贴近用户的实际需要，使得资源利用率大大提高，也减轻了图书馆自身的工作量，避免了资源浪费。公共图书馆中较为成功的典型是佛山市禅城区图书馆，它基于用户需求改变馆藏资源建设模式，由传统的图书馆采编流程改为与供应商合作，采购人员不定期到书商处选择新书，经查重与磁条加工后，在图书馆内开设新书阅览室，供用户自主借阅或选购。此方式让用户直接参与图书馆的藏书建设，为用户提供了参与的平台和渠道，促进用户参与图书馆藏书建设中的积极性，发挥了经济效益，提升了资源建设的质量。

国外用户参与图书馆资源建设广泛采用的是"用户决策采购"（PDA)模式，PDA 是图书馆资源构建的重大变革，目前美国 250 家图书馆中的三分之二以上已开展或计划开展此构建模式。与传统的图书馆主导资源构建模式不同，PDA 侧重于用户对资源的选择与需求，图书馆扮演"中间人"的角色。它的基本流程是供应商先根据用户需求定制符合本馆藏书发展的预设文档，书商提供 MARC 记录，图书馆将记录导入馆内自动化管理系统，用户通过 OPAC 系统点击或阅读电子书，可要求提供印刷本，由图书馆统一支付购买。用户决策采购不再单纯靠图书馆预测和决定，用户参与使馆藏资源布局得到优化，避免资源闲置与浪费，又提供了高质量的资源和服务，受到用户的肯定和欢迎。

用户驱动下的图书馆创新服务，是一种灵活、互鉴、组织、协同服务，让用户的需求成为图书馆行业、学科发展的契机，而不仅仅是简单的藏书之地。中国科学院国家科学图书馆的经验是通过服务科研机构，搭建用户合作联盟，以能力建设为目的，注重对用户的培训和引导，搭建"科研用户＋图书馆"的合作联盟，共享用户资源成果、用户合力购买所需资源，实现图书馆服务创新路径。让科研用户直接参与图书馆合作创新，一是通过对科研用户的培训引导，为科研用户隐性知识的交流搭建平台，让用户与图书馆之间形成合作联盟关系，让科研用户直接参与图书馆合作创新。二是使用户从被动的知识服务接受者变为主动服务创造者，发掘用户资源的价值，提高用户的信息素养能力，积极促成科研用户向更深层次的协同合作式关系延伸，做到图书馆与用户高度契合，建立动态化的服务策略，形成两者的协同发展机制。

国外一些图书馆根据数字化资源的不断发展，用户密集型、精细化的数据需求，负责向科研用户提供数据咨询和协作服务。如普渡大学图书馆为用户提供数据管理和数据评估工作流程方面的咨询，利用数据管理平台功能模块辅助用户选择进行数据的采集、筛查和分析工作；爱丁堡大学图书馆利用 Pure 数据管理平台，实现用户与科研机构、项目、活动的关联，负责根据用户和项目需求对研究数据进行人工筛选、清洗，生成基于合作机构、合作者等各种数据可视化图谱与分析报告。这些创新服务模式能让用户在科研过程中，及时得到图书馆的帮助和协助，也激发了图书馆专业人员的工作效率和积极性。

三、用户驱动下的资源建设与服务创新总体策略

在信息技术环境和用户驱动下，图书馆传统信息服务由到馆服务的业务模式向数字化、智能化、网络化、泛在化功能转变。这种业务范式的转变促使图书馆必须建立内部规划机制，布局适合的战略转型措施和策

略，确定资源建设和服务创新的方向，以获得用户支持，摆脱社会对图书馆作用降低、需求质疑的困局。

用户驱动下的内部动力机制设计和规划。新西兰一所大学图书馆提出到 2020 年，数字范式（Digital paradigm）会改变图书馆的组织文化、人员和工作方式，用户需求和行为的转变将降低对图书馆事务性人员的依赖性。数字信息化、网络化时代，馆员能否适应用户数字服务需求，推动图书馆服务核心竞争力，面临严峻挑战。对此，图书馆对创新机制的设计与规划步骤必不可少，建立规划好内部协同发展机制，笔者认为可以从两个层面着手：首先，管理层要树立顶层驱动意识，要有危机感、压力、动力，有魄力、有改革的意志和决心；要提供以人为本的工作氛围，创造开放共享、创新向上的工作环境，建立学习型、科研型、创新型团队组织；在业务重新布局、部门与岗位的可持续发展等重要环节，重视"人尽其才，物尽其用"，发挥全员主观能动性，依据用户需求和业务发展态势新局面，培养和引进领军人才；恰当使用激励机制，激发馆员的创新服务理念和决心，留住人才。馆员要树立自我驱动意识，用开放的心态接受自身角色的变化，努力提升自身科学思维与研究素质，在服务中自觉发挥主观能动性，建立以用户为中心的服务目标机制，培养"学科专长＋情报能力＋工具"的服务创新能力，与用户一起合作探索，实现双方合作成长的共赢局面。其次，要根据用户任务需求，强力打造图书馆团队服务体系和团队协作机制。将原先以机构、资源建设为中心的服务向用户为中心倾斜，将简单粗放型服务向深入精细型运作，以人力密集型服务模式向智力密集型转移；建立服务创新组织要有计划、循序渐进地实施，依据用户需求变换服务形式，灵活拆组组织架构，规避服务风险；还要根据用户实践情况不断推动和改良，强化服务目标内容和任务，注意各种数据的积累,形成周期化的研究体系,形成对用户有效的信息产品。只有明确目标用户及其需求,注重自身成长,战略性投入实施内部机制,才能充分发挥图书馆资源、人才、技术等方面的作用。

用户驱动下的创新服务措施和途径。用户驱动下的图书馆创新方法和措施有两种:即知识增值服务和嵌入式服务。知识增值服务是强化服务的内生性,具体表现为对知识资源的组织、融合、创造、革新等方面。2016年1月7日杭州市图书馆与新华书店通力合作,联合推出新年"悦读"服务计划,在杭州市任一新华书店内,用户可以自由选择心仪的图书借阅,现场办理借阅手续,所借图书随后由杭州市图书馆作为馆藏文献买单典藏,极大地鼓舞了市民阅读积极性。通过增强服务受众面,利用多功能营销平台的一站式服务,突出服务措施和配套体系的创新,让图书馆服务主动深入一线,为用户知识增值消费买单,实现与用户的无缝对接,进一步优化提升用户体验,让用户感受到图书馆创新服务模式的"快感与知识享受",感知到图书馆创新服务的价值与意义所在。这种与用户的"联合采购",涵盖了服务方式、平台、内容、关系、价值等,形成了以数据驱动和用户驱动为主要特征的图书馆信息服务融合,实现了主动探索、开放协作式的多元跨界服务。嵌入式服务多用于高校和专业图书馆,是图书馆基于用户需求与行为的改变提供的一种服务方式,它强调的"深层服务"有两方面:一是用户不再依赖图书馆物理空间甚至网站获取信息,他们需要的工具是更加方便、快捷、一站式的搜索引擎来获取最新的相关信息。这种新型需求打破了图书馆传统物理空间的禁锢,将服务延伸到一切用户所在地,置身于用户工作场所和群体中,如实验室、课题组、科研团队、公共社区及至虚拟空间中,图书馆需要通过用户虚拟社区、日志和数据挖掘、获取用户个性化需求,建立方便的集成管理系统,及时针对不同用户群提供嵌入式推送。二是嵌入式服务强调依靠学科领域的优势，以用户需求为导向，针对用户需求与用户群进行交流并提供帮助。如与固定用户讨论其信息需求并提供结果；为图书馆以外的用户提供信息资源利用或信息管理工具的应用培训；与用户管理人员进行面对面或虚拟空间会面，讨论对方信息需求并提供服务；参与用户专长领域的相关会议、课堂教学或学术研讨；辅助用户群的电子邮件、维基、博客和其他网络化工作空间交流和维护。这将是未来图书馆服务能力和价值的体现。

用户驱动下的创新服务目标和方向。用户驱动下的图书馆创新服务能力的实践和未来发展也引起图书馆业界的关注和讨论。2017年4月沈阳师范大学图书馆以"图书馆新型服务能力建设"为主题举办全国图书馆新型服务能力建设学术研讨会，重点探讨在创新驱动环境下图书馆新型服务能力建设的战略思考与创新实践。尽管不同类型的图书馆在创新服务内容、目标和方向不尽相同，但与会者的共识是传统的用户服务是以到馆为标志，以解决用户某一咨询问题为目的，仅限于短时间内满足用户的需求，未能与用户培育出一种长期合作的关系，为用户提供不间断的知识服务。而用户驱动下的图书馆资源建设和创新服务目标就是恰当利用技术方法，学习、思考、借鉴，充分拓展服务范畴，改造传统的信息服务运行方式，构建新型服务体系，归根结底，就是用户需求决定今后图书馆服务方向。不同类型的图书馆均要建立"以用户为中心、以服务为中心"的核心价值服务体系，可以在阅读推广、学科服务、情报分析与研究、创客空间、机构知识库、移动服务、智库研究、图书馆出版等诸多方面构建服务目标提升服务能力。图书馆创新服务目标和方向的设立，既要重视技术手段的运用，也少不了服务意识的更新。提升用户体验是第一要务，图书馆要注重用户需求研究，熟悉用户，区别对待不同用户，重视用户人性化和人文精神需求，并与用户保持长期密切的联系，按照用户需求设计服务流程、调整服务内容、确认服务效果、研究用户对服务效果的评估，改变过去以"图书馆为中心"的服务体系，实现"以服务为中心→以嵌入用户过程为中心→以服务效果为中心"的新型图书馆服务范式。建立对用户的培养协作关系，保障图书馆服务创新机制的顺利运行，培养起一批具有感知、体验与分享能力的用户群也是当务之急。通过对用户的培训引导，为用户隐性知识的交流搭建平台，让用户直接参与图书馆合作创新，与图书馆之间形成合作联盟关系，让用户直接参与图书馆合作创新，开展用户驱动服务的创新路径。发掘用户资源的价值，不只是提高用户的信息素养能力，它还能积极促成用户从参与模式向更深层次的协同合作式关系迈进，做到图书馆与用户成长需求的高度契合。确定良性的服务目标和方向既能减少人力成本，又能提升服务效率，实现用户驱动下的知识增值服务、跨界服务、智慧服务。

综上所述，新型图书馆建设离不开用户，新型服务体系只有积极适应用户需求、时代变化和国家战略布局，才能更具影响力和生命力。用户驱动下的图书馆资源建设与服务创新，对图书馆的管理模式、发展形态、存在意识、社会价值都有重大影响。以"用户驱动"的视域去宏观思考和审视图书馆事业的变革，不仅具有现实意义，也有利于图书馆在技术时代的重新定位和发展。本节以用户驱动视角提出了一些实践和应用研究，分析与举例方面仍有欠缺，希望有更多的同人进一步关注与研究此类问题，促进图书馆在转型期"内炼自身、外塑形象"，创建以资源建设为基础，以用户服务为核心的新业态。

第八节　开放科学环境下的图书馆资源建设

开放存取运动的持续发展推动了开放科学的产生，开放科学目前被多国政府所重视。开放科学环境下的图书馆，有着成为开放科学先锋和拥护者的基础条件。开放科学环境也对图书馆的建设提出了新要求，图书馆的资源建设范围需要不断扩展，开放资源、数据资源将成为图书馆的重要资源；图书馆的服务内容也须发生变化，既向信息服务的上下游延伸，开展资源语义化、开放教育等服务；也要全程嵌入用户的数据收集、科研分析、出版、同行评议等科研全流程之中。

随着开放存取（OA）运动而发展起来的开放科学代表了一套有关科学研究过程的方法，通过研究人员与社会（组织）之间的研究协作和参与双向互动模式，提倡开放性、透明度和对知识的公开获取。在开放科学环境下，出版商、资助组织、图书馆等相关主体需要重新定义自己的角色与职责，以适应用户的需求和推动开放科学的发展。于图书馆而言，可以作为开放科学的推动先锋和拥护者，并在资源建设、服务供给方面创新发展。

一、从开放存取到开放科学

众所周知，源起于对昂贵的传统出版模式不满和学术交流方式的转变迫切需求的开放存取运动，自 2002 年 2 月正式发布布达佩斯开放获取宣言（BOAI）以来，经过近 20 年的发展，开放存取的内容、方式、范围等均发生了巨大变化，目前开放存取的资源也早已不限于期刊，还包括数据、软件、代码等。开放存取运动的全面发展源于包括出版商、资助机构、多国政府等多方利益相关者的共同支持，但自 2011 年美国众议院议员提出一项旨在禁止强制性开放获取公共资助研究成果的法案 RWA 以来，开放获取发展就进入了一个开放存取政策更加细化和宽广、利益相关者相互激烈博弈的新发展时期，开放存取进展缓慢，各国政府也开始重新审视相应的政策，随着 Elsevier 等出版商所实施的正手无节制抬高订阅成本、反手向议员提供高额竞选资金等行动。同时，学术团体、图书馆、科研工作者纷纷开展了反对限制性版权、支持机构知识库成果提交等内容的活动。如荷兰于 2017 年提出了开放科学国家计划（National Plan Open Science）、欧洲研究图书馆协会（Association of European Research Libraries，LIBER) 提出了"促进开放科学的声明"等。

在开展的诸多活动中，当属 OA2020 最受瞩目。2016 年 3 月，德国马普学会等机构和学术团体发起了旨在实现学术文章免费在线存取及尽可能较少地受限使用和复用的《OA-2020 倡议》，倡议邀请全球高校、研究机构、资助者、图书馆和出版商共同努力，将大部分传统订阅期刊转型为开放获取模式。截至 2018 年 12 月 15 日，已有 36 个国家或地区的 114 家机构签署了加入该倡议的意向书。北京大学图书馆、清华大学图书馆、四川大学图书馆、广东科技图书馆、中科院文献情报中心、国家科技图书文献中心、中国农科院农业信息研究所、上海科技大学图书馆等我国多家组织也签署了意向书。

在广泛推进 OA 运动的环境下，一方面，越来越多的出版商参与到科研数据的全周期管理及科研全过程中；另一方面，开放存取的资源特别是科学数据资源的科学化管理与普适应用已成为一门科学，包括开放存取所有内容，强调科研过程开放和共享、科研结果透明和公开，开放科学也从概念构想走向了现实。起初开放科学推进的重点是论文和数据的开放，但现在它已超越这一范围，并包含相互利用研究基础设施、开放且共享研究方法以及实现机器可读等内容。2015 年 10 月，经济合作与发展组织（OECD）发布了《让开放科学成为现实》(*Making Open Science a Reality*)，标志着开放科学进入了各国政策领域，许多国家将开放科学作为本国科技创新的抓手，如欧盟就将开放研究、科学和创新政策作为社会发展的三大重心之一，各国图书馆也都通过新开设的网站获取有关信息和趋势报告等科学信息。

二、开放科学环境下的图书馆定位

在开放科学的概念框架下，由于科学家的科研活动可以自由和公开获取科学研究数据，为科学研究的合作者提供了可重复性研究的基础，原有科研生态进入了一个重构状态之中，科研机构、学会（协会）等相关主体便也开始去重新定义自己担负的职责和角色。图书馆特别是科研型图书馆、学术图书馆也都在寻求符合这一环境下各用户群体需求的最佳定位。由美国大学与研究图书馆协会（ACRL）下属的机构研究、计划与评价委员会（ACRL Research Planning and Review Committee）发布的《ACRL2017 环境扫描报告》显示，开放科学及与其紧密相关的数字保存、开放式数据、研究数据管理、学术交流、开放获取和馆藏管理趋势、馆藏评估趋势等因素，将对学术图书馆的未来发展产生持续影响。2018 年 7 月，LIBER 发布的《LIBER 开放科学路线图》(LIBER Open Science Roadmap，以下简称《路线图》)，对图书馆在开放科学背景下的当前职责及未来发展做出了较为明晰的界定。鉴于 LIBER 在世界图书馆界的地位，以及这份《路线图》报告是在 2017 年 LIBER 发布的《2018—2022 LIBER 发展战略：研究型图书馆在数字化时代推动知识可持续发展》（LIBER Europe Strategy 2018—2022：Research Libraries Powering Sustainable Knowledge in the Digital Age）报告基础上进一步研究而成，将在未来 5 年引领欧洲图书馆事业的发展方向，且规划具有系统性、内容具有可操作性，聚焦开放科学环境下的图书馆角色与定位，因此《路线图》的研究结论、发展建议将为我们对图书馆角色的理解给予启迪。

成立于 1971 年的 LIBER，是欧洲研究型图书馆的主要联络组织，致力于反映欧洲学术图书馆、研究人员的利益及开放获取发展，如今已经集结了来自超过 40 家国家图书馆、高等院校图书馆以及其他类型的图书馆总计 420 多家。《路线图》指出，图书馆尽管将在开放科学环境下面临一些挑战，但可以通过提高理念认知、参加培训、面向创新研究者开放研究数据、制定基础支持性政策、推进 ICT 等基础设施建设为开放科学的发展做出积极贡献，因此具有成为开放科学先锋和拥护者的有利地位。《路线图》也指出，在开放科学环境下的图书馆要发挥积极作用、支持开放科学的整个研究过程，一是图书馆要承担起研究数据管理和研究人员支持的重任。如积极制订数据管理计划、开发数据管理工具、协助研究人员个人身份识别（如 ORCID 和 ISNI）及管理办法、为研究人员提供开放科学一站式服务、保证研究成果具有互操作性等；二是图书馆要勇于担当开放出版和开放获取的先锋。如提供开放出版相关培训、参与下一代开放评估体系建设与推广、促进研究成果的再利用等服务。

基于《路线图》的上述研究结论及表述，笔者认为开放科学环境下的图书馆职责定位是：图书馆已不再只是一个机构或社会的文献收藏中心、知识保存中心，而是一个能够保证用户自由开放存取的信息资源中心；图书馆不只是资源的采购者和服务提供者，而是一个能够保证用户服务得到公开满足的开放环境建造者、全研究过程参与者、开放出版与获取的推广者和开放科学可持续发展的维护者。

三、开放科学环境下的图书馆建设

《路线图》还提出了学术发表、FAIR 数据、研究基础设施、评价与奖励、开放科学技能素养、研究诚信、公民科学等开放科学的七大核心领域。这七大核心领域反映了开放科学实践的优先事项，也启示着图书馆若想积极支持、参与和支持开放科学，就需要在这七大领域开展工作。这七大领域又可划分为资源建设（如 FAIR 数据、研究基础设施建设）和服务创新（如学术发表、素养提升、评价与奖励、研究诚信、公民科学等）两大方面。因此，在开放科学环境下的图书馆实现转型与发展，就需要在资源建设与服务创新方面有所行动。

（一）开放科学环境下的图书馆资源建设

资源建设作为图书馆的核心业务，是事业发展和各项服务供给的基础。开放科学环境下的图书馆，除固有的期刊、文献、商业数据库建设外，还需在开放资源建设、数据中心建设、资源语义化组织以及软件工具开发方面做出更多努力，为馆藏建设和开放科学发展战略的实现提供有力支撑。

（1）开放资源建设。随着开放存取运动的发展，开放资源的建设和利用日渐被图书馆及图书馆用户所重视，而作为开放科学重要特征之一的开放资源，也是图书馆参与开放科学发展、在开放科学体系中角色、地位凸显的依靠基础。开放科学环境下的图书馆开放资源建设，就是对来自网络、机构知识库、商业数据库、本地特色数据库等开放资源的整合与揭示，通过开放服务供其乃至全球用户使用。

（2）数据中心建设。大数据环境下，图书馆从"信息中心"向"数据中心"转型发展的步伐开始加快，众多先进的信息技术和网络技术为图书馆成为"数据中心"建设提供了技术支持。这一发展范式下开放科学强调的资源自由开放存取，也就是对数据资源特别是科学数据等资源的自由开放存取。图书馆数据中心建设就是要以丰富的馆藏资源为基础，利用先进的信息技术和网络技术开发一系列深层次的信息产品，并在文献单元和事实数据的基础上，结合用户需求，经过加工、整序、控制、揭示，将蕴藏在信息中有价值的部分挖掘出来，建成特定专题的知识型数据库提供给用户，最终将图书馆逐渐建设成一个涵盖多学科领域、支撑用户全周期科研服务的数据科学中心。

（3）资源语义化组织。语义化技术是当前图书馆在资源聚合、形式与内容交互、数据关联、知识发现等领域广泛应用的技术之一。资源的语义化组织就是逐一针对特定领域的专业知识资源，制定具有符合专业需求与本地馆藏特色的分类法与主题法，用语义化技术对资源进行语义关联、整合、组织、描述及知识呈现，编制如主题词表、资源分类表为分类索引、智能检索、知识发现等图书馆服务提供资源基础。

（4）软件工具开发。为方便用户在网络、移动及多场景环境下获取各类图书馆的资源，促进开放学术交流，跟踪最新资源动态，图书馆需结合用户需求开发大量面向数据库利用、用户培训、图像资源检索、特殊需求接口的插件、API、应用程序、手机 APP、微信小程序等软件工作，以便捷用户的资源自由、高效的开放存取。

（二）开放科学环境下的图书馆服务创新

图书馆的存在价值通过服务输出所表现。开放资源检索、数据中心建设、资源语义化组织和软件工具开发保证了图书馆的服务将有丰富的资源基础，进而面向科学研究的开放共享服务、数据管理服务、各类开放教育服务、新媒体及移动服务有了实现可能。

（1）科学信息开放共享服务。图书馆的门户网站、服务界面除依靠丰富的资源提供检索查询、文献传递之外，还需提供参考咨询、知识图谱等个性化服务。同时为了便于不同平台和端口的系统进行资源存取，图书馆也需提供大量的接口和工具，实现科学信息的跨平台、跨系统开放共享。

（2）公共信息服务。图书馆特别是公共图书馆面向公众提供公共信息服务如两会信息服务，是其提供的主要服务内容。开放科学环境下的图书馆用户群体既包括有较高专业化需求的科研人员，也包括以获取公共服务、基本服务为需求的普通群体。开放科学环境下的图书馆公共信息服务，就是以满足更多群体的基本信息需求为基础，向他们提供如就业、健康、卫生等方面的咨询、借阅等服务。

（3）数据管理服务。数据管理特别是科研数据、科学数据管理是开放科学环境下图书馆最为主要的职责，面对不同数据类型及管理需求，图书馆需要制定适合事业发展与用户需求的数据管理政策。对用户提供数据管理服务，还可以借助相关的商业、公共平台、云平台为数据的运算与保存提供最佳解决方案。

（4）开放教育服务。教育是图书馆的三大职能之一，而开放教育是开放科学的一种实现方式。开放科学环境下的图书馆开放教育服务，就是开展如专业教育、职业培训、产品和信息服务培训、公共活动、研讨会及展览等服务内容。在信息获取平台化、网络化、移动化发展趋势下，图书馆开放教育还可以利用MOOC、开放教育平台等为用户提供灵活的教育方式、丰富的在线资源。

（5）新媒体及移动服务。智能终端的普及应用让新媒体、自媒体等成为主要的信息服务传播渠道。开放科学环境下的图书馆新媒体及移动服务，就是利用微信、Twitter、Facebook 等多种社交渠道，向用户提供开放资源等信息的呈现、推送与定制等服务。

开放存取运动的发展推动了开放科学的出现，而开放科学的深入发展又重构着这一环境下不同相关主体者的功能与定位。图书馆全面参与和推动开放科学的发展，就是要在资源建设与服务方面做出转型发展，将图书馆的资源建设范围不断扩展、将图书馆的服务内容不断升级。

第九节　网络时代图书馆信息资源共享

网络技术的普及、电子刊物、电子产品的不断涌现，使网络信息资源、信息资源数据库、光盘、卡、碟等电子信息逐渐成为人们获取信息的主要渠道，数字化信息成了信息资源的主流。信息资源的网络化和数字化扩大了信息的获取范围、提高了信息的获取率、打破了以往图书馆信息垄断的地位，人们可以自由地获取、收集、储存、传播信息，从而形成了一种新的由信息的生产者与用户共同推动的信息资源与信息服务的市场。

一、网络时代信息资源共享的含义

随着网络技术的发展与普及，资源的共享被赋予了新的、不同于以往的含义。网络时代图书馆的信息资源共享已经不再局限于馆际间的互借、文献目录的互换等，而是指运用现代计算机技术采集、整理、保存并传递文献资源；运用网络信息技术，快速、准确地为用户提供本馆、他馆乃至世界各个图书馆中的文献信息资源；另外，网络时代的资源共享还包括了对管理资源、网络技术应用、信息设备、图书馆专业人才等资源的共享，使优秀的人才、现代化的设备、先进的管理经验发挥了最大的作用。这种模式的资源共享实现了真正意义上的共享，也是网络时代图书馆最重要的特征。

二、网络时代的信息资源应具备的特征

（一）准确有效性

网络时代的信息量庞杂无序、增长迅猛，各种各样的信息鱼龙混杂，用户在检索、判断信息时造成了极大的困扰，图书馆要对这些信息进行甄别处理，为用户提供准确有效的信息资源，保障图书馆读者能快速进行检索获取相关的信息。

（二）综合系统性

网络时代，人们知识的结构正在向多个学科延伸、逐渐趋向综合性，人们需要的知识也越来越系统化，这就要求图书馆所提供的信息也更加系统、全面，更加具有专业性和综合性。适应新时代不同年龄、层次和专业等方面的读者要求，及时快速地满足不同读者需求。

（三）快捷新颖性

网络技术的发展，使得信息的更新速度越来越快，传统的信息传递方式以及馆际互借已经远远落后于时代的发展，远远不能满足用户对信息的需求速度。图书馆要利用网络技术，通过信息资源共享的建设，满足用户的需求，使新时期的图书馆能够跟得上新时代的变化。

（四）个性化多样化

随着时代的进步，社会文明程度的提高，人们更加注重自我意识、注重个性的发展、注重自我的完善，因此，图书馆对信息资源的提供也要满

足用户个性化的需求。网络时代，各学科、各领域的知识相互交叉渗透，衍生出不少边缘学科，使得信息的种类也越来越多样化。将信息资源整合共建满足图书馆读者多样化、个性化、定制化服务。

（五）层次性指向性

受用户的结构、用户掌握信息的层次、用户所具备的知识结构的影响、受地理环境以及经济发展的影响，使用户对信息的需求也有了不同的类型与层次，从而造成了信息资源的多层次性；浩瀚的网络信息加大了用户检索、查阅的困难，因此要求信息资源具有明确的指向性，以减轻用户的困难。

三、网络时代创新图书馆信息资源共享的服务方式

（一）为用户提供智能化、集成化的服务，实现信息资源的增值

运用现代科学技术，不断提高图书馆的智能化技术水平，并利用这些智能化的技术整合、完善各种类型的、特色化、专业化的信息资源数据库。依靠现代信息技术以及网络资源的优势，对信息资源做深加工处理，创建新型的数据资源，整合成读者需求的信息资源库，并实现共享服务。实现信息资源的增值，为用户提供增值后的信息、提供包括信息技术、内容及资源在内的集成化服务。

（二）实现图书馆的全面开放，为用户提供多元化的服务

全面放开图书馆服务模式，通过馆际交流、在线咨询、邮件留言等形式为读者提供咨询查询服务。还可以通过举办公益活动、文化知识讲座、用户培训、公益演出、视听演播等方式将读者请进来参与馆内信息资源的多项活动。同时运用网络技术使同一系统图书馆用户资源共享，避免出现与他馆的资源重复、经费浪费等多种弊端。改变传统的服务方式，走出图书馆、走向

社会、面向用户、征求读者需求，建立用户服务体系和信息资源数据库。通过馆际间信息资源共享可以开发多种形式、多种类型的用户服务方式。

（三）以用户为中心，主动做好用户的服务工作

①图书馆信息资源共享转变传统的被动服务为主动服务，以用户为中心，充分调查了解用户的隐含需求，积极地开发与扩大用户来源，实现以用户为中心、以用户为主导的信息服务。②建立图书馆信息资源共享系统，可以使多馆间信息资源一体化，实现馆际间实时快捷的服务模式，完成系统内读者服务。

（四）根据用户的特点，提供具有个性化的特色服务

图书馆共享信息资源的使用上要注意：要建立用户服务档案，制定用户档案机制。针对用户的结构、层次、爱好、特点及习惯，进行分析统计，并要定时更新用户需求的相关资料。根据用户需求制定并提供具有特色化、个性化、专业化的信息服务。服务结束之后定期回访用户，了解使用效果定制改进方案，形成一套完整的用户个性化定制服务体系。

（五）走有偿服务与无偿服务相结合之路

图书馆是为社会公众提供文化教育及信息服务的公益性机构，为用户提供无偿服务是图书馆的职责所在，但也存在着政府对图书馆经费投入长期不足的客观因素。为了更好地适应社会的变化，图书馆也要尝试做一些有偿服务，以增加经费的来源，在保证资源版权的基础上分析整合信息资源，为一些行政教学科研机构制定有偿的个性化服务。

第十节　全媒体时代公共图书馆信息资源

文节以全媒体时代大环境为背景，对公共图书馆在高科技化、高数字化、高网络化新时代中的定位进行了深入研究与探讨，全面探析在全媒体时代下公共图书馆信息资源建设面临的种种机遇、挑战与解决思路，以期对全媒体时代公共图书馆完善资源建设、健全评估体系、提升服务水平提供帮助。

近年来，全媒体时代下公共图书馆的建设与发展一直都是热门话题。在全媒体时代，信息和知识以开放、多向、交互的方式和特点由表及里、由外向内影响着人们的生产与生活，任何社会群体对社会信息需求从内容到形式都有了颠覆性的变化。公共图书馆传统的信息资源建设模式必须从结构和内容上进行变革与转型，紧跟全媒体时代大环境发展的步伐，契合数字化服务的需求。

一、全媒体时代内涵与公共图书馆信息资源建设体系的深度融合

（一）全媒体概念的来源与发展

全媒体即"omnimedia"，这一概念虽没有被正式地界定过，但由于媒体形式的不断变化与更新，媒体内容、渠道、功能不断丰富与扩充，使全媒体这一概念于 1999 年一经提出，便迅速突破了其自身应用的传媒界层面，20 余年来随着科技的迅速发展，全媒体的内涵也在不断变深、变广，引起社会各界的普遍关注和重视。

时至今日，全媒体在内容上囊括了报纸、杂志、广播、电视、音像、

电影、出版、网络、电信、卫星通信在内的各类传播工具，覆盖了视觉、听觉、触觉、记忆层、想象力等一切人们接收信息的感官。同时，根据受众的需求差异，选择最佳的媒体形式、类型和渠道，将多种因素深度融合，提供超细分的服务，实现全方位覆盖知识信息受众，达到知识与信息资源高度匹配的传播效果，也是全媒体概念的重要内涵。

（二）全媒体时代对公共图书馆资源建设的影响

在全媒体时代环境下，传统媒体与新兴媒体不断碰撞融合，形成新的媒体形态与格局，与人们获取信息的途径与偏好相互引导、相互促进，深入公共图书馆建设的各个层面，对公共图书馆信息资源建设的主体方向与客体方向都产生了颠覆性的影响。

从公共图书馆信息资源建设领域主体方向看，全媒体时代的到来推动了网络、电脑、智能手机、自助阅览设备的大范围普及与应用，加速了微信公众平台、微博公众号以及其他媒体的信息推广与传播，使公共图书馆所拥有的信息资源如传统的文字资料、书籍、抄录本等载体逐步融合电子化、信息化、网络化检索元素，实现了纸制资源与数字资源的融合，从管理和服务层面上以更为丰富的形式与途径面向读者提供服务。

从公共图书馆信息资源建设领域客体方向看，全媒体时代的应运而生与飞速发展，极大地刺激了公共图书馆广大读者对数据、信息、知识与日俱增的渴望与需求。信息资源内容、载体与获取渠道的多样化使广大读者面对海量的数据、信息、知识有了更多的选择性。公共图书馆未来要想牢牢把握信息资源建设的主导地位与方向性，就必须充分了解并掌握广大读者的实际需求与心理因素，满足全媒体时代提出的更高要求。

二、透视全媒体时代下公共图书馆信息资源建设中五元素的重新定位

全媒体时代是一个全文献化、全数字化、全媒体化的时代，在文旅一体化产业迅猛发展的今天，尤其在公共图书馆信息资源建设实际工作中，传统意义上的文献、读者、馆员、技术方法与建筑设备五元素已难以适应全媒体时代的需求，公共图书馆应立足社会发展趋势，应用技术创新，从全媒体时代的角度进行重新审视和定位，积极向适应全媒体时代的形态进行探索与转型。

（一）重新定位馆藏文献的构成

在全媒体时代，重新定位馆藏文献的构成是公共图书馆信息资源建设的首要任务。馆藏文献的载体已不再仅仅是单纯的纸张，除了包含图书、报纸、杂志等传统形式的载体，还包含电视、广播、音像、电影、网络、电信、卫星通信等新兴媒体平台，从相加阶段迈入了相融阶段，合为一体，共同发展。

（二）重新定位读者群体的特征

在全媒体时代，重新定位读者群体的特征是公共图书馆信息资源建设的关键环节。与传统媒体时代的读者群体相比，在公共图书馆事业的推动发展中所面对的读者群体，无论是在年龄范围还是在社会层次都已经扩展到了极限，阅读推广与服务的受众人群下至婴幼儿，上至耄耋老人，都可以到公共图书馆享受阅读服务，"品尝"文化盛宴。同时，随着时代的不断发展进步，社会力量构成的读者成分主体也不尽相同，对知识、对信息的需求空前增大。在内容方面，很多读者对"软文化"、自媒体、"网红"文化、"鸡汤"文化等更为关注；在形式方面，在充分利用纸质文献信息资源的基础上，"掌上"文化、智能手机正受到越来越多人的青睐，

已经成为人们生产生活中不可或缺的组成部分，甚至在悄无声息地取代电脑、电视等传统媒体的地位与作用。因此，公共图书馆需要对全媒体时代下的读者喜好、读者特征等因素进行重新定位，重点思考读者群体的多样性所带来的对文献信息资源多元化、层次化的复杂需求。

（三）重新定位馆员业务的范畴

在全媒体时代，重新定位馆员的业务能力与范畴是公共图书馆文献信息资源建设的必要措施。传统的采编加工、典藏流通、阅读推广、参考咨询等业务已难以满足全媒体时代的需求。纸电融合的大趋势对公共图书馆馆员的业务职能与水平都提出了新的要求，要求公共图书馆馆员必须在不断提升传统业务能力的基础上，积极学习新知识与新技术，优化自身知识结构，将传统信息资源与新兴科学技术相融合，更新服务观念，将业务重心由信息资源的管理者向信息资源的提供者与服务者转变，不仅要满足广大读者对传统纸质文献借阅的需求，还要注重对读者行为与需求的研究及对信息资源的开发与利用。

（四）重新定位技术方法的引用

在全媒体时代，重新定位技术方法的引用是公共图书馆文献信息资源建设的主要途径。科技进步快、文化需求高共同推动了全媒体时代的到来，在全媒体时代传统媒体与新媒体相互交融、相互依存，信息服务进一步多元化、复杂化、创新化。这对公共图书馆的地位、功能、作用都产生了巨大的冲击，使重新定位图书馆的技术与方法成为必然。公共图书馆对信息资源建设领域技术与方法的重新定位，主要通过管理与服务两方面来体现。在管理方面，公共图书馆应不断开拓进取，积极引入与时俱进的管理理念，从全媒体时代的信息资源构建角度进一步完善管理机制，建立健全契合全媒体时代信息资源建设的管理体系；在服务方面，各公共图书馆要根据自身情况创新信息资源馆藏，合理引进数字化的新兴技术，如 RFID 技术、3D 打印技术、高级多媒体技术、可视化技术等，打造服务的核心价值与能力。

（五）重新定位建筑设备的搭建

在全媒体时代，重新定位建筑设备的搭建是公共图书馆文献信息资源建设的重要方法。在全媒体时代，公共图书馆纸质文献入藏数量与流通数量的比例逐渐下降，信息资源的储存方式与全新的读者访问途径都意味着公共图书馆需要重新定位建筑设备的构建，公共图书馆必须通过改变自身建筑结构与业务功能布局等，尽快适应馆藏资源结构变化、读者群体特征的变化等，为全媒体时代信息资源建设提供合理的资源存储和流通、信息咨询、阅览学习空间等，进而为到馆的读者提供更舒适的服务与阅读体验。

三、全媒体时代下公共图书馆文献信息资源建设的创新模式

（一）建立健全管理机制，构建激励体系

在全媒体时代，公共图书馆文献信息资源建设应首先建立健全管理机制，使管理制度进一步规范化、系统化、统一化。管理制度带有根本性、全局性、稳定性、长期性特征，严格的规章制度对于图书馆明确职责、规范程序、强化管理、促进工作都具有极其重要的作用。在全媒体时代，公共图书馆要形成以制度建设为基石，以狠抓落实为核心，按制度办事，用制度约束的新态势，真正构成图书馆办事有规则、管理有方法、操作有程序、过程有监控、责任有追究的良好工作格局。为了确保信息资源建设过程中各个部门可以勠力同心、和衷共济、互相配合，确保大量的技术、资金、

人力等投入工作有序进行，公共图书馆需要建立一个完善的管理机制，负责信息资源构建的布局规划；制定相应的制度，规范各方面的行为和工作；适当使用奖惩机制，构建激励体系，一旦发现信息资源系统建设中有不合理的问题，需要对相应的责任人进行处罚，反之也要通过各种方式和手段，不断激发和端正图书馆员的工作热情和工作态度。

（二）紧跟时代技术潮流，打通创新渠道

公共图书馆信息资源建设离不开图书馆学科建设、前沿理论与最新技术的引领。尤其是在全媒体时代的大环境下，公共图书馆的文献信息资源建设工作更要时刻保持对新学科、新理论、新成果、新技术的高度敏锐性，积极探索新的技术领域，进一步创新业务与服务功能，努力探寻公共图书馆自身的发展机遇和竞争优势。公共图书馆既要利用开展或参与各种学术交流活动的机会，积累经验，开阔眼界，结合专家报告、学术论文、知识竞赛、创意设计、典型案例等不断丰富自身理论与经验，还要充分利用高新技术手段，通过新兴媒体如网站、微博、QQ、微信等平台，依托自身特点和特色，利用馆藏信息资源最大限度地满足广大读者的需求。

（三）建立多元化媒体平台，加快资源开发

全媒体时代公共图书馆信息资源建设应巧妙利用多元化媒体这一平台，不断挖掘各媒体的多功能性，倡导信息资源构建过程中布局的合理性；加强对全媒体的监管力度，从整体上对信息资源进行利用、展现、优化与供给；运用全媒体时代的独特优势，建立多层次的信息资源构建体系；注重公共图书馆服务的渠道建设和文献建设，加快新资源特别是数字资源的开发与利用，打造资源的收集、汇聚、存储、制作、检索、发布及应用的一站式服务平台，通过全媒体时代多角度、立体式、全方位的构建，形成图书馆数字资源矩阵，从而不断提升图书馆的数字资源自建能力，

提高图书馆数字资源的全媒体构建率和分享率，全面推动公共图书馆信息资源建设，提升图书馆的服务水平。

（四）提升图书馆员能力，强化专业素养

图书馆员一直以来都扮演着沟通、服务这一"纽带"角色，图书馆员的专业素养和业务能力的优劣直接影响公共图书馆信息资源建设工作的发展水平和趋势。全媒体时代的图书馆员必须与时俱进，尽快融入和适应信息与科技飞速发展的新环境，不断提高自身的专业素养和业务素质，不断提升自身的智慧感知和智慧获取能力；增强对全媒体时代新技术的认知、分享、体验技能，通过对 VAR 视觉、知识图谱、可视化人工智能等技术的学习和应用，提升应对与认知能力。在全媒体时代，创新精神无处不在，公共图书馆要强化馆员的创新精神，勤于思考，不断开拓，勇于进取，以专业素养和知识为支撑，以数字化、网络化技术为手段，突破传统思维，培养适应全媒体时代要求的创新型人才，提升工作效率，助推事业的发展；根据《中华人民共和国公共图书馆法》和《中国图书馆员职业道德准则（试行)》的要求，培养图书馆员良好的职业道德和思想品德，牢固树立"读者第一，服务至上"的宗旨，一切从读者的利益出发，明确自身职业观念，履行图书馆员的社会责任和义务，爱岗敬业，全心全意为读者服务，最大限度地满足读者对文献信息资源的需求，在创新发展中推动图书馆事业的发展。

（五）打造品牌观念意识，优化服务水平

全媒体时代是一个更加重视品牌效应的时代，通过优化馆藏信息和资源配置、协调关系、丰富资源，进一步提升公共图书馆的服务质量与水平，树立品牌意识观念，形成重质量、深影响、成品牌的信息资源建设模式，是全媒体时代提高公共图书馆社会效益、为广大读者提供高质量服务的最佳体现。

第四章 现代图书馆读者服务建设研究

第一节 服务创新是满足读者需求的当务之急

一、图书馆服务与读者需求的差距

有专家曾指出决定读者满意程度的主要是读者需求与图书馆服务之间的差距，而非实际服务行为本身。图书馆在努力提供高品质的服务的同时，应立足于现实，明确读者的满意度是图书馆服务工作追求的核心，也是评判服务质量的最终标准。因此，努力研究读者需求和图书馆所提供服务之间的差距也是非常有必要的。

（一）读者实际需求与管理者对读者需求的理解之间的差距

读者实际需求与馆员对读者需求的理解上的差距是读者需求和图书馆服务之间最根本的差距，若不能正确评估读者的需求，不能从读者利益和需求入手，那么所提供的服务要想满足或超出读者需求是根本不可能的。造成此项差距的根源主要是管理人员与读者缺乏必要的交流与沟通，不能在全面调查读者实际需求和潜在需求的基础上进行信息需求预测和经营决策。细分析可将此差距归因于以下因素：管理人员对读者需求缺乏广泛的调查研究，导致图书馆的服务与读者的实际需求相脱节，与读者的潜在需求相差更远；图书馆一线服务部门与行政决策部门缺乏足够的沟通与交流；多级管理体制使一线服务人员与最高决策者之间的沟通渠道不畅。

（二）服务质量标准与管理者对读者需求的理解之间的差距

读者对图书馆服务的衡量尺度主要体现于服务质量，而服务质量的体现往往既是全方位的，也是具体细微的。倘若组织决策部门制定了错误的服务标准，即制定的服务标准不能精确一致地反映读者的需求，势必导致此项差距的产生。具体原因包括：对服务质量承诺不当，对服务质量标准的可行性理解不足，确保馆员向读者提供始终如一的服务质量的技术监督机制欠缺，服务质量标准缺乏与读者期望直接相关的目标等。

（三）服务质量标准与实际服务质量之间的差距

在市场经济社会中，读者来到图书馆，往往习惯于以消费者的角度来看待所提供的服务质量。读者服务质量是为图书馆工作人员为读者进行文献信息服务时使读者满意的程度，因此该差距与图书馆员的个人因素直接相关，如馆员的素质、动机、能力及态度等。图书馆员对自己的岗位职责认识不清，业务知识欠缺，缺乏应有的培训和履行职责的技能和技巧，使馆员难以胜任自己的工作，以及图书馆员头脑中固有的"不可能令所有人满意"的观念是造成此项差距的主要原因。另外，由于管理体制的弊端使馆员缺乏处理各种问题的选择余地和灵活性，使图书馆员有受到管理者冷落的念头，因而影响了其服务动机和态度，也是造成这种差距的重要原因。

（四）图书馆服务与相关的信息交流之间的差距

即实际提供的服务与承诺之间的差距。过度承诺是造成此项差距的重要原因之一，例如，集自动化和统一化为一体的联机公共检索目录（OPAC）可为用户带来诸多便利，然而当它超出了图书馆员的调控能力时（尤其是初次使用时），操作上的失败就会阻碍承诺服务的实施；另外，在提供服务时图书馆员与读者之间的信息交流的失误也是造成此项差距的原因，比如，图书馆员给读者传达了过于理想和乐观的信息，使读者产生了过高的期望值，反而降低了用户的满意程度。

二、服务创新是满足读者需求的当务之急

早在 20 世纪 30 年代，印度图书馆学家阮冈纳赞就提出了著名的图书馆学五定律，即"书是为了用的，每个读者有其书，每本书有其读者，节约读者时间，图书馆是一个生长着的有机体。"这一论断，从本质上揭示了图书馆工作和发展中的两个核心问题：一是图书馆工作的基本法则——图书馆必须坚持读者第一、服务至上，贯彻全心全意为读者服务的宗旨；二是图书馆发展的重要规律——图书馆必须适应社会的发展和需要，不断审时定位，调整自我。

我们应该认识未来图书馆事业的发展趋势，根据现代读者的新需求，正视目前图书馆服务与读者需求之间的差距，从服务理念、服务内容、服务项目、服务方式、服务手段、服务对象、服务人员、服务环境等方面开展服务创新，这样才能顺应读者服务的发展规律，有效地提高读者服务工作的质量和水平。服务创新不是对图书馆传统服务方式的全盘否定，而是在新形势下图书馆服务提出的新的更高的要求。

（一）服务理念人本化的要求

现代图书馆的服务理念在于以传播和传承人类的知识和文化为己任，继续深化"以人为本"的理念，提供个性化服务，提倡读者至上，服务第一的原则。网络经济的发展要求图书馆从根本上转变以"藏书为本"的思想，树立"以人为本"的全新的服务观念，实现工作重心的转移。

将传统图书馆借阅书刊的读者概念，转变为在任何地点需要图书馆提供文献信息服务的用户的定义；将传统的在馆里等待读者来馆的服务方式转变为面向社会、主动提供有针对性、有选择的信息服务方式；由传统物理意义上的图书馆转变为现代化的广泛意义上的社会信息中心。最大限度地满足读者的需求是"以人为本"服务理念的最优体现。

（二）服务内容知识化的要求

随着图书馆读者信息需求意识和要求的不断提高，图书馆服务的重点也从传统的一般性文献服务向知识服务转变。知识服务不是一般的信息服务，而是带有前导性的一种研究活动，是对信息资源的深层次开发和利用。知识服务的对象往往是决策机构、特殊读者，它以信息的搜寻、组织、分析、重组为基础，提供能够有效支持知识应用和知识创新的服务。因此，知识服务对促进知识的传递、利用和转化具有非常重要的意义。图书馆在满足读者一般性信息需求的同时，还要帮助读者从繁杂的信息资源中捕获他们需要的、对解决实际问题有用的信息内容，并将这些信息分析、加工、组合成为相应的知识解决方案，进一步将这些知识固化在新科研项目、产品设计或管理机制中，以提高信息服务的知识含量。

（三）服务项目特色化的要求

网络化时代对图书馆馆藏及服务特色的要求将会更为迫切，也使其规模效益得到更大程度的发挥，当然也为其提供了更好的发展条件。网络环境下的文献资源共享将进一步强调各馆的特色馆藏，各馆为了增加自己的吸引力，确立自己在网络上的地位，就需要开发出自己的特色数据库，还要开发网上的特色信息源，以形成自己的特色馆藏。以此为基础，图书馆的读者服务将由一般的常规化服务更多地向特色化服务转移。开展特色化服务，将会更好地满足网络社会读者日益个性化的需求。

（四）服务方式多元化的要求

随着网络化技术在图书馆的广泛应用和社会公众日益增长的文化需求，图书馆必须改变以往单一的馆藏文献的外借和内阅的服务模式，利用现代网络平台提供各种数据库服务、知识库服务以及多种在线和离线信息服务。如信息推送、知识发现、网络呼叫等服务，这些服务方式、方法，具有较强的智能性、实时性、交互性，能够提供个性化服务，这种能够同时提供实体馆藏与虚拟馆藏的模式，极大地丰富了图书馆服务的内容，强化了图书馆的服务能力，满足了不同读者的需求。

（五）服务手段现代化的要求

在全面实现计算机管理和综合应用文献信息技术的现代化图书馆中，读者服务操作方法和技术手段的变化将体现在读者服务领域的各方面。一是图书馆的多种光盘数据库、电子出版物、多媒体文献等自身就具备自动化的信息处理能力，可以进行各类有序化、规范化的检索，还可以实现多元检索目标的灵活组配，使读者找到满意的答案。二是图书馆利用现代技术使读者享受到智能化的信息服务。三是图书馆通过网络可以开展电子函件（E-mail）、电子文件传递（FTPO）、联机公共目录查询（OPAC）。上述服务的用户界面友好、操作方便、直观易用。另外，更为先进的复制、缩微、视听等手段也是网络化图书馆读者服务中经常使用的。

（六）服务对象社会化的要求

网络环境下的图书馆，其本质是社会的图书馆。图书馆是一种把电子计算机和通信网络联系起来的图书馆的集合，每个图书馆都是地区、全国乃至全世界信息网络的一个节点，图书馆将不再只是为持证读者或本单位、本系统的读者服务，所有的用户都能在任何时间、任何地点利用计算机检索终端和信息高速公路从网上获取各馆提供的所有文献和信息。

读者工作的出发点和落脚点也从本校的读者发展到广阔的社会。服务对象的社会化，使图书馆从学校这个小圈子、小社会中走出去，融会到大社会中来，使图书馆与社会保持同步发展。

（七）服务人员专业化的要求

网络环境对图书馆员的知识结构提出了新的要求，在信息服务过程中由于知识和技术含量的加大，向智能化方向发展，图书馆员在工作方式、工作效率等方面将发生质的变化。由于信息媒体的多样化和分散化、网络资源的庞大化和复杂化、信息生产的广泛化和无序化，图书馆员将充当知识导航员的角色，通过收集、加工、整理网上信息，使无序的信息资源有序化，并辅导读者进行自助式服务。这就要求每个图书馆员必须加强本专业知识的学习，拥有过硬的基本功，熟练掌握和运用计算机技术，通晓英语甚至几门外语，具备信息获取和研究能力、信息生产和创新能力、公关交际能力和学术科研能力，不断探索、补充、更新知识，达到博学多识、专精博通、触类旁通，以满足读者日益增长的需要。

（八）服务环境人性化的要求

人性化的环境，不仅可以提高读者利用图书馆的兴趣和效率，还能超越其物质实体性而成为精神的、人为的审美世界，成为一种可以对读者施以教化的审美的文化环境。图书馆优美的环境和极具亲和力的氛围不仅能吸引更多的读者利用图书馆的兴趣和效率，而且能对读者起到潜移默化的美育作用。馆内基础设施要突出人性化特点，为读者提供安静、舒适、稳定、亲切的阅读环境，使读者产生一种美的享受，从而达到心理上的愉悦和满足，取得间接的读书效果。

第二节 读者服务工作对图书馆员的要求

一、要不断增加服务内容

（一）不断提高图书馆网上服务

图书馆主页服务是指图书馆利用网络环境作为技术条件，将自己的信息产品通过在互联网上建立自己的主页，把自己的服务快速地传递给广大用户的一种服务方式。主页要简洁大方，主页上除了介绍本馆简况、服务项目、馆藏书刊目录、光盘资源、网上资源等基本信息外，还要提供各种资源的使用方法以及网络导航等服务，将国内外上网图书馆和热门站点与网页链接起来，并针对本单位的重点专业系统地建立学科导航，帮助用户方便地利用网上丰富的资源。现代通信技术尤其是网络通信技术的应用，使信息传递更加方便快捷。用电子邮件开展远程服务，用户可将信息需求通过电子邮件传给图书馆，图书馆再将找到的信息通过网络反馈给用户。

（二）不断提高网络信息资源检索服务

图书馆要做好网络信息的筛选、组织、整理等工作，尤其要做好网络数据库的导航工作，指导和方便用户利用网络查询文献信息。图书馆专业人员应利用自己的专业特长，在网上收集与本单位学科专业相近或相关的信息，并按分科分类加以整理，建立指引库，以方便用户查找所需信息，并为用户提供文献检索服务，包括网上定题跟踪、课题查新、专项咨询等服务工作。

（三）加强读者教育工作

在网络环境下，信息用户倾向于自我服务，即用户自己直接上网查找自己想要的信息。而网络信息资源最大的特点是无限、无序，质量参差不齐。在大多数情况下，并不是每一位用户都能知道如何使用网络，或者能很顺利地在网上找到所需信息，因此对用户进行培训成了图书馆信息服务的一项重要内容。培训目的主要是提高用户的网络资源检索和辨别的能力、信息获取及处理的能力，帮助用户在浩如烟海的信息中收集、筛选、分析和整合自己所需要的信息。

（四）不断提高图书馆员的素质，信息服务工作对图书馆员提出了更高要求

图书馆是文献信息的收集、存储和传播中心。馆员只有通过管理、开发、加工和传递信息才能使图书馆的文献信息资源在不断被使用中增值。因此，要不断培养自身的信息素养，提高对信息进行深度加工的能力；要不断培养敏锐的捕捉信息的能力，学会用信息眼光，从信息角度去思考问题和开展工作。对信息价值要具有一定的洞察、判断和运用能力，并能运用现代信息技术为广大读者提供高效优质的服务。由于现代信息技术在图书馆的广泛应用，图书馆员要努力学会运用电子计算机技术，使工作自动化；运用光学技术，使文献信息缩微化、光盘化；运用电脑多媒体技术，使图、文、声、像信息一体化；运用现代通信技术，使参考服务网络化及信息传递高速化。

二、现代图书馆员的培训

现代图书馆员的培训，从狭义上讲，是指给新员工和现有员工传授其完成本职工作所必须掌握的基本技能的过程；从广义上讲，它是指图书

馆为了履行各项社会职能，实现总体目标，全面开发员工的智力，而对员工开展的基本技能、职业道德、敬业精神等培训的全过程。

（一）基本技能培训

我们正逐步步入信息时代，现代计算机技术、多媒体技术、网络技术等被大量引入图书馆，传统图书馆正逐渐向电子图书馆、信息图书馆、复合图书馆方向转变，图书馆的工作发生了重大变化。一方面，图书馆的传统工作因为有了信息技术的引入而变得更加有效率，如采购工作可以借助于网络收集最新的出版信息，编目工作可以通过使用统一的机读目录而节省劳动力，检索工作可以利用计算机而避免手工劳动的烦琐；另一方面，图书馆的工作范围日益扩大，如采购工作需要加强对电子书籍、各类型数据库的采购；信息检索范围从传统的纸质文献扩大到了互联网，信息服务的方式也不再局限信息检索和咨询。这一切都要求图书馆对工作人员在数据库的管理能力，网络环境下的信息收集、处理能力，信息检索工具的生成能力，网络信息的利用能力，以及计算机操作能力等方面加以培训，才能适应新时期图书馆工作的需要。

（二）解决问题能力的培训

对于图书馆的管理人员来说，解决实际问题的能力的培养可能更为重要。在图书馆面临社会上各种信息服务机构挑战的今天，图书馆管理人员的素质对图书馆的发展将起到更重要的作用。因此，对图书馆管理人员加强在管理方面的培训，可以帮助他们提高解决实际问题的能力。

（三）人际交往能力的培训

任何人在工作中都难免与人接触。图书馆作为一个面向大众服务的机构，更应该注重对内部人员的人际交往能力的培养，这样不仅能够减少摩擦，还能促进他们与外界不同部门的联系。

（四）服务态度的培训

随着传统图书馆向信息图书馆的发展，图书馆的一些传统的服务观念也应随之变化，需要向开放观念、用户观念、经济观念、效益观念、资源共享观念转变。尤其是图书馆员应树立自己的"以人为本""读者至上"的服务理念，多进行服务技能、服务态度的培训，这样才能营造一种宽松、和谐、友好、温馨的馆内环境，才能打造图书馆的良好形象，提升自己的服务水平。

第三节　服务创新是经济技术进步的需要

现代图书馆所处的是知识经济时代，信息、知识在促进经济和社会发展方面将发挥越来越重要的作用。科学技术正突飞猛进地发展，迅速改变着这个世界。以知识和信息为基础，竞争与合作并存的全球化市场经济正在形成，人类的未来和国家的繁荣比以往任何时候都更加依赖于创造和应用知识的能力和效率。而图书馆是聚集知识和信息的宝库，如何充分利用现代技术使其所容纳的各种各样的知识与信息，转化为现实的生产力，是摆在图书馆面前的一个重要课题。

一、知识经济的形势要求

（一）知识经济的特征

20 世纪 90 年代，社会发展出现了一个新的趋势，以高科技信息为主导的新型产业的崛起，推动经济领域实现了一场空前的革命，知识不但在这场革命中成为经济的直接推动力，而且谱写了知识经济时代的篇章。

知识经济时代到来前，人类已经历了数千年的农业经济和 200 余年的工业经济发展阶段。近半个世纪以来，计算机、晶体管、集成电路、个人电脑、全球网络、多媒体通信等相继出现并迅速发展。到 20 世纪 80 年代以后，以信息获取、储存、传输、处理、演示技术和装备以及以信息服务为内容的信息产业迅速崛起，成为发展最迅速、规模最宏大的新兴产业。20 世纪 90 年代以来，世界经济发展又呈现出新的变化：经济和社会的发展越来越依赖于知识的创新和创造性应用，世界经济逐渐呈现出知识经济全球化的态势。可以预测，21 世纪知识经济将逐步占据国际经济的主导地位，科学研究系统在知识经济中将起着知识生产、传播和转移的关键作用，而知识和科技的创新及其应用将成为知识经济时代生产力发展的决定性因素。新技术的革命，尤其是信息技术的发展，已使全球经济的增长方式发生了根本变化。

知识经济是"以知识为基础的经济"的简称。具体地说，就是创新的知识、高新技术（核心是微电子技术）、计算机（多媒体）、网络（互联网）、革新的通信、信息高速公路、全球化的市场和掌握、驾驭这一切的"人"结合在一起，以进行组合要素、组合经济的一种新型生产方式。

专家学者对知识经济的认识在其本质上是相同的，即以智力资源的占有和配置，以科学技术为主导的知识的生产、分配和消费为最重要因素的经济。知识经济在资源配置上以智力资源、无形资产为第一要素，对自然资源通过知识和智力进行科学、合理、综合和集约的配置。可以说，知识经济是由最复杂的结构功能所主导的经济形式。知识经济正日益影响和改变着人们的工作和生活并将使社会发生巨大变革。

（二）知识经济对图书馆的影响

中国加入 WTO，标志着我国的社会发展将进一步融入全球经济一体化、信息化的知识经济轨道。党和政府提出"科教兴国"战略的实施，也为发展知识经济奠定基础。中国数字图书馆工程就是在知识的不断创新中应运而生的，它组织与管理知识，推动并参与创新，是知识经济发展的重要产物。特别是 2002 年，在新修订的《普通高等学校图书馆规程》中指出：高等学校图书馆是学校的文献信息中心，是为教学和科学研究服务的学术性机构，是学校信息化和社会信息化的重要基地。后者是原《规程》中没有的，显然这是随着知识经济的形成和发展而导致的修订。

在知识经济时代，知识将被作为最重要的资源得到充分的开发、传播与应用，知识的不断创新成为推动时代发展的根本动力。这将对担任知识信息收集、整理和传递任务的图书馆提出更高的要求。改革创新，增强自身发展活力，积极、主动地适应经济社会的发展需要已成为图书馆发展的必然趋势。

1. 用户需求日益提高

在知识经济时代，图书馆用户已不满足一般性的内容提供，而是由文献需求向知识、信息需求演变，图书馆的服务内容要打破以原始文献作为第一服务手段的服务，以用户需求为导向进行文献信息的深化，从文献传递的提供式服务向知识、信息资源重组的创新式服务转变。要了解并掌握用户知识、信息需求特点，向用户提供以专题、知识单元为基础的服务，及时对馆藏一次文献进行二次、三次文献信息开发与利用，将文献信息进行收集整理，形成专题综述、述评、研究报告等深层次的开发，综合形成新的信息资源，提供的信息是该领域最新、具有前沿性有效知识、信息，以此满足用户日益发展的需要。

2. 市场竞争日趋激烈

在以印刷型文献为主要信息载体的时代，图书馆以其丰富的馆藏和较熟练的文献服务技能两大优势，在社会信息服务体系中占据主导地位。

但是，在以信息产业为主导的知识经济时代，信息服务日益社会化、网络化、个性化，图书馆的主导地位日益削弱，甚至其生存也面临着严峻挑战。虽然改革开放后，图书馆也逐步走向社会，面向市场，参与信息服务市场的竞争，但随着社会信息化程度的加深，信息存取和利用更加自由，商业界大量介入以往只能由图书馆和信息中心提供的信息服务，越来越多的个人和企业涉足信息服务业，它们以更具特色的服务吸引着广大用户，与图书情报机构激烈地争夺着用户，使得图书馆成为信息服务市场中众多竞争者之一。在激烈的信息服务市场中，面对用户的不断更新的信息需求，图书馆的现有信息服务逐渐失去了其争夺用户、开发市场和持续发展的能力，这就要求图书馆对信息服务系统进行重新定位，深入研究用户的真正需求，以用户为中心开展服务，形成新的服务体系。

3. 事业发展日渐迫切

知识经济时代，知识将取代权利和资本，成为最重要的社会经济资源。而作为拥有丰富知识信息资源的图书馆，知识经济的发展无疑给其带来了新的发展动力、新的机遇和新的发展前景，但同时也带来了新的挑战。随着"知识经济"浪潮的掀起，经济建设要求图书馆利用知识资源为经济建设服务，把知识形态的科学技术和经营管理技术推广到经济建设中去，转化为经济建设的动力。新时期的图书馆事业要想在新的经济环境中保持可持续发展，就必须适应环境的变化，不断地改变和创新，以取得更大的社会效益。同时也从中获得较好的经济效益，以保证图书馆事业的不断发展。因此，市场经济条件下信息服务环境的变化迫使图书馆必须改革和创新。

同时，作为信息集散地的图书馆，也肩负着振兴地方经济的任务，因而，要打破传统的服务模式，努力开拓新的服务方式，要面向社会，寻找市场，拓宽服务范围。以经济建设为导向，依托网络平台，立足于创新，探索新的服务方式，开发信息资源。与社会上的信息企业合作，使自身丰富的文献信息资源与企业高素质的信息人才结合起来，创造出一流的信息产品，提供给社会。同时，把高校的科研成果及时介绍到企业中去，使之尽快转化为生产力，为社会服务。这一切都需要图书馆服务创新。

二、信息技术的形势要求

（一）信息技术的现状

信息技术是指在信息的产生、获取、存储、传递、处理、显示和使用等方面能够扩展人的信息器官功能的技术。它是随着人类对外部世界的认识和控制能力的不断提高而逐步由低层次向高层次发展的。现代信息技术包括计算机技术、微电子技术、通信技术、自动化技术、光电子技术、光导技术和人工智能技术等。如果说建立在微电子技术及软件技术基础上的计算机是现代社会的"大脑"，那么由程控交换机、大容量光纤、通信卫星及其他现代化通信设施交织而成的覆盖全球的电信网络就是现代社会的"神经系统。"

当前，信息革命的浪潮正以不可阻挡之势席卷全球，现代信息技术的发展更是日新月异。现代信息技术的发展将对社会经济、政治、文化等一切方面产生重大而深远的影响。

1. 快速地更新换代

自1946年世界上第一台电子数字计算机问世。半个世纪以来，电子计算机已"繁衍"了五代，即电子管——晶体管——集成电路——大规模集成电路——人工智能计算机。计算机的运算速度有了成千上万倍的提高，个人用的计算机每秒运算几千万次，上亿次的也已出现。大型的计算机每秒运算几百亿次，每秒运算上万亿次的计算机在一两年就可投放市场。卫星、光纤等通信技术也迅猛发展，现在通信卫星已发展到第六代，一颗卫星有几十个转发器，可同时提供几万路电话线路或转发几十路电视，光纤传输技术已跨入成熟期，许多国家已建起了以光纤为骨干的大容量通信长途干线传输网络。世界信息网络技术发展迅速。

2. 大容量的信息存储

信息系统需要对已加工的可利用的信息进行存储，以便适时向用户提供。近一二十年信息存储技术有了巨大进步，以计算机为例，在 20 世纪 70 年代后期，个人用的计算机的存储水平为 1K、4K、16K，而目前市场上 80G 的硬盘已经很普遍了。200G 的硬盘也已投入市场，存储量有了数十万倍的增长。在缩微存储方面，出现了缩率达 90 ~ 150 倍的激光全息超缩微平片，在一张标准规格（6×4 英寸）的平片上，可记录 3000~12000 页资料。据报道，目前已有存储量高达 22.5 万页资料的全息缩微平片。英国大百科全书公司的索引卡，原需要 700 米长的书架存放，现只用两个抽屉即可容纳其全部缩微平片。光存储技术也有了长足的发展，除了只读式的光盘、光带、光卡外，还出现了可供用户写入信息的一次性写入光盘，可反复擦写的光盘及自动换盘的多光盘系统。光盘的存储量大，信息存取速度快，使用寿命长。

3. 自动化的信息加工处理

信息加工处理中业务操作系统化、数据处理自动化、记录事项规格化、文献缩微复制自动化等得到了广泛的发展和应用。知识数据库与专家系统的出现，使信息情报咨询与检索工作达到了智能化的程度。作为人工智能应用的专家系统已有 100 多种，将日益广泛地运用于医疗诊断、投资分析、贸易管理、科学研究、气象预报、制订财政计划等方面。

4.数字化的信息传输手段

当信息成为数字化并经由数字网络流通时，大量信息可以被压缩，并以光速进行传输，数字传输的信息品质又比模拟传输的品质要好得多。许多种信息形态能够被结合，被创造，例如，多媒体文件。

5.多媒体技术与信息网的宽带化、综合化、智能化和个人化是未来信息技术发展的主要趋势

随着未来信息技术向着智能化的方向发展，在超媒体的世界里，"软件代理"可以替我们在网络上漫游，它让使用者能够在各个文件之间有效地穿梭寻找，而不需将文件从头到尾看一遍，不再需要浏览器。它本身就是信息的寻找器，它能够收集任何我们可能想要在网络上取得的信息。

以多媒体技术为代表的信息通信产业，将成为21世纪最有希望获得发展的产业之一。随着通信技术与计算机技术的进一步融合，信息网将朝着宽带化、智能化、综合化和个人化的方向发展，为人类的信息交流提供极大的方便。

二、信息技术对图书馆的影响

飞速发展的数字化、网络化信息技术，给图书馆传统服务带来了极大的冲击。网络改变了传统的信息交流方式，冲破了地域限制，实现了世界范围内的信息共享。伴随着数字化和网络化大潮的推进，作为知识殿堂的图书馆正面临着一次全方位的技术革新。信息资源的数字化能够扩展图书馆的虚拟馆藏，扩大图书馆的服务范围，突破传统的信息传递模式，使信息传递变得更加快捷、便利。因此，进行数字图书馆建设，开展多种形式的服务创新，成为21世纪图书馆迎接网络时代的重要战略。

（一）文献资源数字化

传统图书馆的信息资源以文献为主，且多为纸质印刷型文献。随着信息技术的发展，纸质印刷型文献一统信息载体的局面已不复存在。电子信息源的不断出现和增多，涌现出诸如 CD-ROM 出版物、数据库、联机检索信息源、因特网信息源等新型的信息资源，并可以通过计算机终端、网络通信对其进行高速、准确的浏览和检索利用。信息的形式也日渐丰富，不仅有纯文字型信息，还有图像视频型、数值型、软件型等多种信息类型。这些新型的信息资源不仅数量巨大、类型繁多，而且取用方便，它将极大地丰富图书馆的服务内容，成为未来图书馆信息资源的主体。

（二）传播载体多样化

传统的信息存储载体一直是以纸张为信息传播的主要载体和媒介。随着多媒体、超媒体计算机技术以及光纤技术的日益成熟，知识的载体已不再是纸张这一单一形式，磁、光介质已大量应用，光盘等电子出版物激增。除文字载体外，还有语音载体、电磁波载体、缩微载体、声像载体、网络载体，且均可通过现代技术存储或传播。传播载体已由单一的印刷型向多类型、多载体方向发展，人们不必过问所需信息是存储在何种载体上，网络资源的社会性和共享性已初现端倪。

（三）服务手段现代化

传统图书馆的服务手段多以手工操作为主，不仅服务速度慢，效率低，且服务内容受限。读者通常需亲自登门造访，时空制约比较明显，服务质量多受馆员个体的学识和经验的约束，效果不很理想。现代信息技术和网络通信的发展使图书馆的服务手段发生了变革，计算机检索、联机数据库检索、网络信息检索等新型文检手段不仅扩大了检索的范围，同时大大提高了检索效率。网上预约、网上借还图书、网上催还图书等流通新业务的开展不必读者亲自来馆。

（四）服务方式多元化

传统的图书馆服务方式比较单一，基本上以被动的馆藏书刊借阅和一对一式的面询为主，服务效果难尽如人意。现代信息技术和网络的发展首先使图书馆的服务空间拓宽了，服务方式也日渐丰富多样，在线参考咨询，如 E-mail 服务、BBS 讨论组、FAQ 实时解答服务等，具有实时性、交互性、能动性、个性化和人工智能化的特点，能提高咨询效果，更大程度地满足读者需求。在国外，有些图书馆还在尝试一种"即时视像咨询服务"，即咨询馆员和远程用户借助视像会议软件、摄影头、话筒等设备，实现实时视像的面对面交流。

（五）服务对象社会化

传统图书馆的服务对象明确且相对稳定，多局限于本校师生。网络环境下的图书馆事实上已成为整个网络体系的一个节点和组成部分，由于信息存取的开放和自由，凡是与网络连接的用户，都可以不分国家、地域、单位和时间的限制，调阅网上图书馆的信息，网上用户同时成为图书馆的读者。读者面之广、数量之多，远远超过传统图书馆。

当前信息技术的迅速发展不仅使数字化文献资源和网络化信息服务逐渐成为图书馆服务的主流，而且以 e-science，e-learning，e-business 和 e-government 为代表的信息环境正带来新的用户需求、用户行为和用户信息应用机制。同时，以 Open Access 为代表的新型学术信息交流模式、以 Google Scholar/Print 为代表的新型信息服务机制，以及以 Institute Repositories 为代表的机构知识交流与保存平台，都为图书馆服务的发展带来了空前的挑战和前所未有的机遇。面对这种信息环境持续不断的变化，图书馆如何充分利用新环境所创造的机遇，如何挖掘服务定位，如何集成利用各方面资源，如何开辟或拓展服务功能和形式，如何建立可持续和有竞争力的服务模式，已成为图书馆领域的领导者共同关心的问题。从而，也使图书馆服务创新成为一个必须认真探索、研究的课题。

第四节　图书馆文献流通服务

文献流通服务质量的高低不仅关系到馆藏文献资源的开发和利用，而且直接关系到图书馆在读者心目中的形象。馆员要利用自己热情、耐心、细致的服务，为读者服务做到"书有其人、人有其书、为人找书、为书找人"，节省读者时间。同时，做好导读工作，了解读者的阅读倾向，及时向读者推荐他们喜闻乐见的图书。这样就增进了流通部工作人员与读者的相互沟通和了解，从而使流通部工作人员与读者之间建立起一座相互理解、相互信任、相互谅解的桥梁，真正做到让读者"高兴而来，满意而归"。

一、图书馆的外借阅览服务

外借和阅览是图书馆服务中最基本、最传统的服务。有人认为，现代图书馆的服务重点是信息咨询和对信息的深层次开发，外借和阅览不是图书馆的主要服务项目。但实际上，社会上的大多数公众正是通过这种方式利用图书馆的，图书馆也正是通过这种方式对公众的信息需求提供支持的。在传统图书馆中，一本新书从进馆到上架，要经过查重、分类、编目、上架等多道工序，耽误了大量时间，新书与读者见面已经是好几个月之后的事了，大大降低了知识信息的时效性。而在现代图书馆中，采编合一，有关图书的到馆、查重、分类、编目等各种信息可以通过馆内的管理信息系统快速传递和查询，让新书快速上架，与读者见面，能够节省大量时间。

现代图书馆必须通过利用各种技术手段、现代管理制度，向读者开放全部馆藏，实行全开架管理。图书馆中的书是为了用的，而不是为了藏的，这一观点早在阮冈纳赞的"图书馆学五原则"中就已提出。可是，还是有很多图书馆，为了保存及工作方便，对读者利用图书馆进行了种种限制。

印度图书馆学家阮冈纳赞发表了著名的《图书馆学五原则》，这五项原则从表面上看很通俗，但实际上很深刻，它从根本上阐明了图书馆应该为之努力的目标。图书馆学五原则分别是：书是为了用的、每个读者有其书、每本书有其读者、节省读者的时间、图书馆是一个生长着的有机体。这五原则直到现在对图书馆的工作仍有着广泛的指导意义。

外借服务是图书馆传统的、常用的服务方式，它满足读者将书借出馆外自由阅读、独自使用的需要。

（一）外借服务类型

一是个人外借。二是集体外借，为群体读者服务。三是馆际互借，是为了满足读者阅读需要，帮助读者从其他图书馆借阅文献的一种方法。四是预约借书，对某些一时供不应求的图书，采取预约登记办法外借。五是邮寄借书，通过邮政通信手段，将读者所需文献邮寄给读者。六是馆外流通借书，通过馆外流通站、流动服务书车等手段为读者开展借阅活动。这些办法各有所长，可根据具体情况选择使用。

（二）外借服务方式

一是闭架外借。读者先写索书条，通过工作人员提取，并办理外借手续，读者不能进入书库随意挑选。二是开架外借，读者进入书库，自行挑选，办理手续后，即可将书携出馆外，自由阅读。三是半开架外借，将部分图书放置在特定的位置，读者可以看到书的封面，供读者指认、选择。

（三）外借服务管理

一是外借处的设置。对于馆藏文献数量、类型不多，读者也不很多的图书馆，可以仅设立综合外借处。但是，如果是大型图书馆，既可以设立综合外借处，也可以分别设立专门的外借处。二是建立一套完善的外借服务工作制度。规定有关读者登记、外借证的发放原则和方法，制定外借手续和步骤、外借书刊期限，污损、丢失书刊赔偿办法等有关规章制度。三是借书证的办理，包括个人借书证、集体借书证、馆际互借证。其中馆际互借是一个地区或几个地区、一个系统或几个系统开展的馆与馆之间互通有无的图书互借方式。这种办法既方便了读者，又充分发挥了馆藏的作用。

（四）阅览服务方式

1. 闭架阅览方式：读者所需文献由工作人员代取，不能携带出室外；

2. 开架阅览方式：读者自由挑选图书；

3. 半开架阅览方式：图书馆利用陈列展览方式，将部分流通量大或比较珍贵的文献放置在特制的可视书架上，读者指出所需图书，由工作人员提取。这种方式既方便读者，也有利于对书刊资料的管理。

二、视听服务

视听服务是图书馆利用视听文献和相关技术为读者提供文献流通服务的方式。视听文献，系指以磁性、光学材料为存储介质，通过专用设备视听其内容的录像带、激光视盘、电影和幻灯片等。无论是国内还是国外，许多图书馆都把视听文献列为收藏对象，并开展各种形式的视听服务活动。视听文献主要有唱片、幻灯片、录音带、录像带、影碟、磁盘、激光视盘、激光唱盘及缩微胶卷等。它容量大、成本低、占地小，便于存储，易于检索，集文、声、图、像于一体，形象生动，受到读者喜爱。

三、复制服务

复制服务是以复制文献为手段，为读者提供服务的一种新的技术性服务方法。它是传统的"外借服务""阅览服务"的延伸和发展，也是图书馆为读者获取文献所提供的一条新的服务途径。

复制服务包括缩微复制法、静电复印法、电脑复制法（电脑拷贝法）。通过复制服务，读者花少许经费，就可将有些文献"据为己有"，大大方便了读者，节省了时间，是一种有效的服务手段。随着现代科学技术的发展，复制方法愈来愈多。

四、现代图书馆文献信息服务的自动化

现代图书馆信息技术应用的最终目的是为读者服务，主要体现在"服务"上。因此，当图书馆基础业务的自动化实现之后，要及时地、不失时机地尽快转入面向读者的文献信息服务的自动化。

文献信息服务自动化工作主要体现在以下四方面：

（一）建立联机公共查询目录

OPAC 原意是指"开放的公共查询目录"，全称是 Open Public Access Catalogue，随着技术的发展而演变为"联机公共查询目录"。

根据图书的特性，在网上查找书目也有着不同的方式。其中最普及的查找方式有：书名检索、作者检索、ISBN 检索、年份检索、出版社检索。

还有一些不常用，但十分重要的检索方法，如分类法检索、导出词检索、丛书检索、套书检索等，都可以在 OPAC 数据库里进行检索。

OPAC 的正确使用：如果读者在查找单书的同时能够给出相对多的检索项目，那么出现的检索项就少，找到所需书的概率也就更大。如果读者要查找一大类的书，比如，有读者想了解中国的历史，只要在 OPAC 的自由查找栏中键入"中国"和"历史"，这样所需的书目才能以最小的范围量出现。如果读者只在一栏中键入"中国历史"，那么有关"中国"和"历史"的项目都会出现，比如，中国经济、中国文化、美国历史等和读者期待不相关的内容也会出现。还有一种简便的检索方法：分类法检索。读者可以通过所在图书馆的分类法直接找到"中国历史"这一项，再用相应的图书馆书籍编号去查阅具体的书籍。

（二）开展联合目录数据库服务

联合目录通常由若干文献收藏单位合作编制。事先须制定统一的著录项目和标准，明确收录范围。一般以一个或若干个收藏丰富的图书馆馆藏为基础，负责提供目录草稿，其他有关图书馆对此进行核对和补充，注明收藏单位，最后由编辑部汇总。采用计算机技术编制联合目录较为方便迅速，若干个图书馆共同建立联机联合目录数据库，除供联机检索外还可生产书本式和机读式的联合目录。

联合目录所涉及图书馆的范围有多大，资源共享的范围就有多大。

（三）馆际互借

对于本馆没有的文献，在本馆读者需要时，根据馆际互借制度、协议、办法和收费标准，向外馆借入；反之，在外馆向本馆提出馆际互借请求时，亦应借出本馆所拥有的文献，以满足外馆的文献需求。

馆际互借是各图书馆之间本着互助互惠原则，互通有无，互借对方文献，共同利用，彼此分享，以提高读者从整个图书馆系统获取文献的能力，同时也使各图书馆藏书得以充分利用，提高图书馆的效益。馆际互借是国外图书馆资源共享的主要方式。

（四）开展信息查询服务和开展参考咨询工作

其中包括设立多媒体导读系统，开展读者流通信息查询和公众信息查询等。图书馆参考咨询服务工作被国内外专家称为图书馆的"灵魂"与"心脏"，说明参考咨询服务在图书馆中的重要地位和作用。图书馆的参考咨询工作集中体现了现代图书馆的职能和特色，也是图书馆更新发展的关键因素。面向读者开展多种形式的参考咨询服务是图书馆文献信息服务的重要方式，如新书通报、定题情报服务、专题信息的回溯检索等。

第五节　图书馆的参考咨询服务

一、MOOC 环境下图书馆参考咨询服务

MOOC 是 Massive Open Online Course 的英文缩写，是指"大规模在线开放课程"，是一种在线学习的新模式，其特点主要有：参与课程的人数没有限制，动辄十几万人；只要连接互联网，任何人都可以免费学习在线课程；采用模块化的课程设置，教学内容以微视频（一般在 10 分钟左右）的方式展示，学习者有更多的学习自主性和灵活性，适合碎片化学习；实现了教学活动的全程参与，基本上形成了注册、听课、课堂测试、完成作业、讨论、考试、结业、发放证书的学习流程。MOOC 自2012 年在美国顶级名校掀起浪潮，随后席卷全球，成为网络时代人们获取信息和学习知识的一个新途径，也是优质教育资源共享的一种新方式。

图书馆的主要职责之一就是为教师的教学和学生的学习提供更好的信息和技术服务，理应积极参与到对 MOOC 的支持服务中，MOOC 环境下如何做好图书馆的参考咨询服务应该引起关注与思考。

（一）MOOC 环境下图书馆参考咨询服务的特点

1.服务广度——泛在性

MOOC 环境下，用户通过在线观看教学视频、查阅资料的方式进行自主学习，他们希望在任何时间和地点都可以用便携式设备获取所需要的信息资源。这就要求图书馆树立"有需求就有服务"的理念，增强参考咨询服务的主动性，将其融入用户活动中，提供更加泛在性的服务，使用户能够随时随地利用图书馆的服务。

2.服务方式——多元化

MOOC 环境下，用户通过网络远程访问图书馆的频率增加，对可以实时获得帮助的自助式咨询服务需求更为迫切。伴随着智能手机、平板电脑等新兴电子产品的普及和用户对一些新媒体的喜好，微博咨询、微信咨询、QQ 咨询、移动参考咨询等也应运而生。开展基于 MOOC 平台的视频咨询也会受到用户的欢迎，因为视频演示会更加直观，便于理解。MOOC 环境下，用户地理上的分散性和人数规模使合作参考咨询成为必要。为了让用户更加便利和高效地获取到服务，可成立参考咨询团队或由多个图书馆构建参考咨询联盟，协同为用户提供服务，这样不仅能够满足用户全方位、多学科的信息需求，同时还能够延长服务时间。

3.服务层次——学科化

图书馆参考咨询服务的目标是为教学科研、学科建设服务，既要满足广大师生的一般需求，又要满足一些个性化的深层次需求。学科服务是深化参考咨询服务的一项重要举措，而 MOOC 则为参考咨询服务嵌入课堂、深入学科提供了新的平台。MOOC 环境下，用户需要的可能不仅仅是文献线索，而是能够直接解答用户问题的知识单元或方案。

4. 服务内容——新内涵

MOOC 环境下，参考咨询工作又增添了新内容，参考咨询馆员要熟悉 MOOC 及其相关内容并开展有意义的参考咨询活动。MOOC 是一个面向全世界用户的开放平台。国家科学图书馆馆长张晓林曾说："面对开放获取，研究型图书馆应当主动介入、积极引导、创造未来，积极探索开放信息资源的新服务新能力。"一方面，图书馆可以利用其在资源使用方面的优势为教师在 MOOC 平台的教学提供素材，也可以提供资源合理使用和知识产权保护方面的意见和建议；另一方面，可以利用其资源组织与推广方面的优势，让更多的用户了解和使用优秀的 MOOC 课程。另外，MOOC 的运行需要一定的技术支撑，主要涉及设备使用指导、设备故障排除、软件使用问题解决等，比如，有的图书馆为用户提供视频制作及剪辑方面的指导。参考咨询馆员需要不断加强学习，了解新技术、利用新技术，从用户的角度出发，评估技术、推介技术，为用户提供更好的技术支持服务。同时，新技术的使用对参考咨询服务创新也有很大的推动作用。

（二）MOOC 环境下图书馆参考咨询服务策略

1. 嵌入 MOOC 课程服务师生

图书馆应积极参与学校 MOOC 课程的建设，可以助教的身份跟踪课程，提供嵌入式服务，一方面可以为教师提供教学资料，同时帮助教师在利用 MOOC 平台进行教学时注意版权保护，合理使用资源，同时还可以提供 MOOC 教学相关的软件工具支持；另一方面可以在讨论区发出自己的声音，帮助学生获取相关学习资料，也可以通过对教学过程的互动来分析用户需求，有针对性地主动推送资源。图书馆还可以利用其在数字资源保存方面的经验，提供 MOOC 课程资源的长期保存及检索服务，并将其作为学习资源供广大师生重复使用。

2. 为用户使用 MOOC 提供帮助

MOOC 作为一种新型的开放网络学习资源，图书馆应该予以足够的重视，让更多的师生了解和利用 MOOC。图书馆可以定期收集整理不同平台上的国内外优秀 MOOC 课程，按学科分类，将开课时间、课程名称、开课学校、授课教师等信息推荐给用户，方便用户查询。一些图书馆已经开展了这方面的工作，如中国科学技术大学图书馆在"查找文献"栏目下设置了"查找网络公开课"，整理了国内外网络公开课平台列表。图书馆还可以参考一些 MOOC 导航平台的做法，比如，爱课程网的"中国大学 MOOC"（http：//www.icourses.cn/imooc/）、果壳网的"MOOC 学院"（http：//mooc.guokr.com/）、网易云课堂（http：//study.163.com/）等，提供 MOOC 课程的索引、评价、推荐等功能。此外，有条件的图书馆可以考虑免费向用户提供学习终端设备的使用，方便用户学习 MOOC 课程。MOOC 时代下，虽然随时随地都可以学习，但图书馆有充足的服务空间。作为 MOOC 学习空间的提供者更容易营造学习氛围，并提供现场交流、讨论等"增值服务"以及与之相关的各种参考咨询服务。

3. 利用 MOOC 开展信息素养教育

MOOC 环境下，信息资源越来越多样化和复杂化，需要用户具备较高的信息素养水平。图书馆可以为用户提供信息获取、信息管理等方面的技能培训，既可以现场培训，也可以借助 MOOC 开展在线教学。由于 MOOC 的交互性、开放性、灵活性、互动性，其在信息素养课程教学中具有不可替代的优势。随着国内外大学开设 MOOC 热潮的到来，开设大学生信息素养系列 MOOC 不仅必要，而且已经是大势所趋。国内信息素养教育方面有代表性的 MOOC 有：武汉大学黄如花开设的《信息检索》、中国科学技术大学罗昭锋开设的《文献管理与信息分析》、清华大学林佳开设的《信息素养——学术研究的必修课（通识版）》等。MOOC 强调的是用若干个"微视频"分别展示课程内容中的知识点，单个课程视频时长短，便于分解难点和集中学生的注意力，也便于学生自由安排学习时间，提高了学习效果。MOOC 环境下，对于很多问题的解决，用户更倾向于自己通过网络寻找答案，图书馆要建立和维护"常见问题答复"数据库，便于用户直接查询。图书馆可有针对性地将信息素养教育小视频嵌入其他学科的 MOOC 课程，方便特定用户学习；也可开发与一些课程及学科相关的学科信息素养教育小视频，提高相关学习者的学科信息素养；还可以借助一些名校名师的 MOOC 课程开展信息素养教育，尝试翻转课堂教学，让教师能有更多的时间与学生讨论，引导学生积极思考、主动学习。

4. 提高参考咨询馆员的素质

参考咨询馆员不仅应有强烈的信息意识和较高的信息处理能力，还应具备较高的综合素质，善于与用户交流，熟悉图书馆资源情况，熟练掌握各种参考信息源，特别是网上参考信息源的使用方法，具备良好的网络技术和计算机操作能力。MOOC 的出现给参考咨询馆员提出了更多的要求，如为特定学科提供深层次、个性化的咨询服务。学科馆员具有一定的学科基础，是 MOOC 环境下实施参考咨询服务的主力军。图书馆应鼓励参考咨询馆员特别是学科馆员不断探索学习，提高对可用信息资源的整体把握能力。参考咨询馆员也可将 MOOC 作为继续教育的重要手段，选修相关 MOOC 课程，并在学习中融入课堂，了解服务对象的需求，这样工作起来会更加得心应手。

5. 优化参考信息源

参考信息源是从事参考咨询服务的基础和保障，卓有成效的参考咨询服务必须依赖高质量的信息源。MOOC 环境下的参考信息源突破了传统的"馆藏"概念，向包括网络信息资源在内的全球性数字化信息资源发展，并呈现多样化的态势，除了传统文献类型外，电子版、视听版、网络版文献等都成为解答咨询的重要信息源。参考咨询馆员要熟悉和掌握参考信息源的使用，同时要协助图书馆参考信息源的建设。图书馆要了解学校的学科建设动向，围绕学校的教学科研工作进行学科资源建设，注重提高馆藏资源质量，突出学校学科特色，同时加强馆际合作，促进馆际优势互补。图书馆应积极参与学校的自主 MOOC 平台开发，实现资源与平台的顺利衔接，倡导有偿资源的合理使用和开放获取资源的有效开发，做好资源保障和服务工作。值得一提的是，开放获取资源因其免费开放的特点更适合作为教学辅助资料放置于 MOOC 系统中。

6. 开展移动参考咨询服务

MOOC 环境下，用户对图书馆参考咨询服务的泛在化需求变得更加强烈，而移动互联网技术的发展也为此提供了更为广阔的适用环境和技术支持。2015 年 8 月 14 日发布的国内首份中国城市阅读指数研究报告显示，随着手机等阅读介质的兴起，阅读外延明显扩大，手机成为第一阅读途径。移动参考咨询服务是为满足用户通过使用手机、平板电脑等移动终端随时随地都能享受到图书馆参考咨询服务的需求而推出的一种新型参考咨询服务。有条件的图书馆可结合本馆的手机图书馆开展移动参考咨询服务，也可利用手机即时通信工具如微信、QQ、微博、飞信等进行咨询。

MOOC 是一种新兴的教育模式，仍在发展之中。图书馆作为一个为教学科研提供教学辅助和信息保障的机构，必须密切关注并主动参与，在 MOOC 环境下发挥自己的服务与教育职能，以提升图书馆的存在价值，延伸图书馆的服务范畴，其参考咨询服务工作也应审视新的变化和应对新的需求，帮助用户解决信息资源利用过程中的各种问题。

二、基于智库理念的图书馆参考咨询服务

从智库本身性质出发，其主要是通过对于政治、文化、经济等方面的内容研究，提供具有参考价值的咨询信息或决策依据，由各个学科领域的专业人士构成，其中包括了高等院校、企业以及各级政府组织等。图书馆是知识传播、整合文献资源以及拥有丰富的文献储备和大量参考咨询信息的数据库，同时也是可以利用科学专家资源为不同的用户提供多样化的服务的一种服务平台。随着数字技术应用领域的不断发展，人们对于信息资源的应用也不断地增大，所以对于图书馆更应通过加大自身的服务模式，与多科专家合作，来不断拓展图书的服务领域。

（一）智库理念的性质与服务方式

首先智库就是指那些不以营利为目的的且独立于政府之外的研究型结构，其主要的研究为公共政策，为政府决策提供有力的建议和依据。另外对于智库的理解可以从服务、知识认定以及机构性质等方面进行分析，总结起来可以看作信息多元化发展下，形成的可以提供信息咨询与决策的参考的主要功能。

另外对于智库的服务方式来说主要包括了资料的收集整理、信息统计分析、定制推送服务等。资料的收集整理顾名思义就是对于一些信息自己进行搜索、整理，并同时进行归类分析，然后获得有价值的历史资料。通过收集各方面的资料，智库的研究者可以发现深层次的信息，并为开

展专项研究提供参考。同时很多智库根据收集的数据资料构建了具有特色的专题数据库，并确立了研究目标与范围，这也为其提供高端服务创造了条件。

信息统计分析，是对于信息来源的分析，包括了需要对获取信息资料进行统计分析。一般系统分析法和德尔菲法较为常用，主要是通过智库进行各种文献资料的收集，然后对这些资料内在联系与具体处理方法进行分析，这就是系统分析法。德尔菲法是通过与多名专家进行沟通后了解其意见，然后再分析出符合市场发展趋势的结论。

（二）图书馆咨询服务在智库理念下的构建

随着信息化时代的发展，人们对于信息服务的需求越来越大，虽然图书馆拥有大量的书刊、报纸等信息资料，但是仅可提供一次两次的服务，远远无法满足人们的需要，随着智库理念的深入，图书馆的转型发展得到了新的发展机遇，构建智库咨询的个性化服务是未来图书馆发展的方向。

1.服务对象的构建

对于图书馆来说没有用户的支持是很难运行下去的，尤其是图书馆的智库系统。图书馆的构建对象首先是政府机构，目前政府正在推行决策研究与决策研究制定的外包系统，所以智库系统的图书馆对于政府机构来说可以搜索任何想要得到的信息，既方便又实用，对于图书馆来说政府作为有影响力的机构成为自己的服务对象，很大程度上提升了自己的影响力。其次图书馆还可以为企业、公司以及社会的组织团体提供咨询服务，这部分用户对于信息获取的知识面较窄，所以可以利用图书馆丰富的资源信息以及人才优势为这些用户提供信息服务。总之对于图书馆服务对象来说涉及方方面面，为了更好地提供服务，更好地进行智库系统的运转，除了自身系统的完善，还需要更多用户的支持。

2. 信息资源的构建

为了更好地运转图书馆智库系统，除了需要服务对象的支持，更需要的是本身信息资源的丰富，除了目前已经公开发表的文献信息外，智库图书馆还应具备网络信息资源、灰色文献以及教育资源。其中教育资源和网络信息资源在图书馆信息库中需求量较大，对于企业和组织来说，网站上出现了具有自身特色的知识库以及产品库，里面包括了知识产品以及知识解决方案。对于高校来说教育资源可以搜索到课件资源、教案、题库等，具有很高的参考价值，所以对于图书馆开展智库型服务来说具有极高的利用价值。

3. 对于智库图书馆咨询服务的构建

为了更好地服务于用户，智库图书馆系统应该针对人员不同开展不同的文献研究，吸收文献中的精华，尤其是对于高质量的文献，可以组织智库人员根据自己专业的特点进行相关报告的撰写，从而建立具有针对性的、应用性的、预测性的咨询服务。图书馆在保证服务质量的同时，对于如何更好进行人文关怀做好知识的推送，是客户再进行资料的查阅的同时，系统主动推送最新调研结果，可以更好地留住以及吸引客户。此外为了使智库与服务得以反复利用，可以做好知识库的建立，尤其是一些高层论坛、讲座等信息发布后要做到信息的收集，同时进行研究成果的整理和储存，提高智库图书馆咨询服务的建设更完善，提升社会各界对于智库图书馆的认可度。

三、新信息生态环境下的图书馆参考咨询服务

图书馆体系与所处社会环境体系相结合构成了图书馆生态系统。在

这样一个生态系统内，图书馆作为一个成长的有机体，其自身结构和功能都在不断进行着自我扬弃和发展；图书馆所处环境的变化，特别是信息环境的变化，也极大地影响着图书馆的存在方式及其职能的体现。在这样的背景之下，图书馆参考咨询工作也面临着重要的发展抉择。如何在新的图书馆生态体系内，合理利用可以调动的文献、人力和财力资源，顺应新信息环境下图书馆信息服务的新变化，充分发挥参考咨询工作乃至图书馆整体服务效能，已成为一个必须正视并妥善解决的问题。

（一）图书馆信息生态环境的变化

信息生态是信息—人—环境之间关系的总和。新生态图书馆信息环境的发展和变化情况，在这些要素及其关系的变化中得到了充分的体现。

1. 文献信息资源数字化程度提升显著

美国图书馆学家 I.G.Mudge 曾将参考咨询工作的基本要素归结为资源（Material）、精神（Mind）和方法（Method）。这一精辟归纳明确指出了文献信息资源在图书馆参考咨询业务中的重要地位。文献信息资源的配置情况、存在方式和揭示程度在很大程度上决定了咨询结果的准确性和完整性。

对图书馆而言，文献信息资源的质和量在近几十年的时间里都发生了根本性的变化。1971 年 7 月《美国独立宣言》数字化版本制作完成标志着电子书作为一种全新文献载体形式的出现，以"古腾堡计划"为代表，拉开了图书数字化进程的帷幕，公共领域的纸质书转变为数字形式的电子书，内容形式也不再局限于文本，还包括音频和视频等多媒体形式。此后，出版商、数据商和图书馆都先后加入文献信息数字化的潮流当中，并不同程度地推动着这一进程的发展。

尽管数字化文献存在着技术标准不统一、资源垄断性相对较强、缺乏可靠的长期保存方法及虚拟馆藏资源保障稳定性较差等诸多问题，但是已经有越来越多的图书馆倾向于把文献资源建设重点向电子资源倾斜，在缓解自身文献储存和维护等方面的同时，为用户提供更为多样和便捷的文献服务形式。

文献资源的数字化极大地改善了信息传播的便捷程度，降低了单位数量文献保存和使用的成本，也延长了相应文献在服务过程中的生命周期。这些变化对于用户能够更为便捷地发现和利用文献信息资源提供了极大便利。但是基于同样的原因，用户在文献信息资源检索过程中，所需信息与大量的冗余信息相互掺杂，信息过载现象又成为人们在当今的信息生态环境中最大的困扰。

2. 媒体与信息素养变化明显

信息素养是一种懂得如何查找、评价和使用信息，有效地解决特定的问题或做出决定的能力。随着社会信息化程度的加深，信息环境的变化迫使人们越来越频繁地应对各种信息处理问题，信息素养也因此成为在现代信息社会中生存和发展的基本要求和能力。这也是社会公众以及为社会公众提供信息咨询服务的参考咨询馆员所共同面对的问题。

早在 2003 年 1 月，美国图书馆协会下属的参考与用户服务协会（RUSA）就颁布了《参考咨询及用户服务馆员的专业能力》报告，报告对参考咨询及用户服务馆员的专业能力分别从信息获取能力、知识储备能力、推广营销能力、服务协作能力以及资源与服务的评估能力等五个维度进行论述，每个维度又细分若干具体细则。这份报告作为对图书馆参考咨询馆员专业素养的培养与评估具有重要参考价值的纲领性文件，其对参考咨询及用户服务馆员专业能力的有关信息素养方面的要求成为最为突出的内容。

随着社会信息化程度的加深，人们逐渐认识到，就迅速准确地获取有用信息而言，掌握传递信息的渠道、工具、载体及技术手段的重要性并不亚于所需信息本身。2014年3月，联合国教科文组织发布了《媒体与信息素养：策略与战略指南》报告，首次将媒体素养与信息素养置于同等地位，并提出了媒体与信息素养这样一个全新的复合概念。这份报告的颁布，不仅充分表达了联合国从国家与地区层面上推进社会公众全球媒体与信息素养发展的战略意图，报告本身也代表了人们对当今社会信息环境变迁认知和研究的最新成果和共识。

3. 面向社会公众的信息服务环境逐渐多元化

伴随着数字化发展进程，以互联网为代表的新的技术手段和工具的应用，极大地改变了图书馆的用户构成和服务方式，使公共信息服务环境发生了深刻的变化。

首先，信息服务去中介化趋势明显。基于历史原因，图书馆成为汇集、保存并传承人类智慧的重要机构，但是随着文献信息载体冲破实体介质的束缚，更多地以数字化方式存在并服务于公众时，有越来越多的机构凭借其数字化文献收藏而成为文献信息服务机构的新成员。文献信息服务机构多元化的趋势所造成的一个直接后果就是文献信息服务的去中介化越发明显，越来越多的出版机构和数据库商不满足于通过图书馆这样的中间机构向终端用户推广其服务和产品，而转为直接面向最终用户开放服务。多元化的信息服务机构与服务形式固然为用户提供了更多的文献信息获取渠道，但由于其在信息服务过程中去中介化作用明显，对用户借助专业途径深入挖掘文献内容以及图书馆充分发挥其文献信息服务职能都在一定程度上构成了挑战。

其次，用户体验得到空前重视。随着Web2.0这一概念迅速在全球传播，为用户提供个性化、交互式服务成为备受推崇的新的软件功能设计要求，在此背景之下，BBS、博客、Wiki、微信等多种交互式服务平台环境得到迅速普及，与此同时，如何在 Web2.0 环境下建构用户关系的新模式也成为一个重要的话题。

以人们通常的阅读行为为例，随着电子书的日益普及，硬件商和出版商已经开始利用数据分析方法，确定人们利用电子书在阅读什么内容以及如何进行阅读，通过分享分析数据，出版商可以做出更有吸引力的电子书，硬件商则可着手调整电子书的展现形式，从而为用户带来更好的阅读体验。由此可见，在新信息生态环境之下，软件设计理念的变化以及技术手段的丰富，使信息服务机构在服务过程中，通过动态把握和分析用户信息行为特征，从而采取更为主动和有效的方法，适时调整和完善用户体验不仅成为现实的可能，也成为服务得以稳定开展的必要条件。

再者，信息服务进入全媒体时代。媒体是承载和传递信息的载体。数字化新媒体反映出信息载体的发展和丰富，富媒体作为一种信息传播方法极大地丰富了信息内容的表现形式，自媒体在信息传播过程中带来了革命性的变化，快媒体使信息传播的时效性得到质的提升，跨媒体体现了媒体之间的合作、共生、互动与协调。全媒体则成为人类现在掌握的信息流手段的最大化的集成者，这也是信息环境变迁的一项显著特征。

全媒体时代对图书馆信息服务带来了巨大的改变，有学者将其归纳为文献典藏更多元，图书馆服务更多样，文献获取更个性，读者学习更便利，服务管理更高效，服务链更广泛，服务布局更均等等具体特征。这些特点表明，在新信息生态环境下，尽管单一传统媒体的表现形式依然重要并且保有强大的生命力，但其已很难独立地发挥作用，而是在全媒体传播体系中充当了重要的组成部分。对单一传统媒体的整合运用已经成为信息服务的重要方式和手段，信息服务已经进入了多元化时代。

（二）新信息生态环境下图书馆服务变化发展趋势

技术的发展以及由此产生的信息环境的变化，为图书馆信息服务的延续和进一步发展提供了充分的拓展空间和更高层次的平台，但对于图书馆而言，这种变化首先带来的是对自身既有服务模式的巨大冲击，促使图书馆界在信息服务领域发生了深刻变化，这些变化趋势主要体现在以下几方面。

1.图书馆信息服务将突破原有内涵和外延的界定，呈现出以信息服务为核心，以与信息服务相关联的图书馆其他业务为辅助的综合性服务特征。

早在 2011 年 6 月，大英图书馆与 BiblioLabs 公司合作在 iPad 平台上推出"大英图书馆 19 世纪历史典籍"APP 应用程序，世界各地读者只需每月支付 2.99 美元即可阅读到大量从内容到形式都近乎以原始形式展现的历史古籍，该项服务推出后，资源内容和服务规模扩展迅速，并于翌年获得了卓越出版创新奖。

该项目的出现和成功表明，以自媒体及其应用为代表，传统意义上的文献生产、出版和发行等环节，已经从由不同角色分工协作完成而转向三位一体，信息生产者与服务者职责边界的交融，使图书馆信息中介功能受到越来越多的不同类型机构的冲击，原属于图书馆传统服务范畴的服务职能势必在一定程度上被替代，图书馆在社会信息服务体系中的中介功能需要更为丰富的内涵。图书馆需要与上游信息生产者和其他信息传播链条中的角色相结合，这不仅可以强化图书馆应对生存压力挑战的能力，更有助于图书馆在不断变迁的信息环境中寻找新的服务定位。

2.特色优质文献资源建设仍为图书馆基础业务建设的重心。

面对各类信息服务机构并存的现状，单一类型服务机构一统天下已无可能，图书馆跻身各类信息服务机构并能有所发展的一个重要前提就是自身拥有不可取代的特色资源和服务。根据图书馆自身优势和需求，设定重点专题领域进行信息资源内容的深度挖掘和建设是确保图书馆资源与服务特色的根本。

近年来，世界各国图书馆先后颁布阶段性发展规划，如《美国国会图书馆 2016—2020 战略规划》《美国公共数字图书馆 2015—2017 年战略规划》《英国国家图书馆馆藏元数据 2015—2018 年发展战略》《澳大利亚国家图书馆 2015—2019 合作计划》等文件，均从不同侧面对本图书馆馆藏资源阶段性建设内容提出了明确的目标，以期通过这种方式实现差异化发展、培育自身优势和彰显价值所在。

3. 图书馆信息服务伴随着我国社会发展需求，将由传统的图情双轨向图情一体化转变。

在国家标准《学科分类与代码（GB/T 13745-2009）》中，图书馆学与情报学是属于同一学科分类下的两个并列的二级学科，在传统的高等教育体系中，两者分属不同专业方向，有着各自的课程体系，在社会分工中，图书馆和情报所也分属不同行政系统，呈现出双轨并行的状态。尽管如此，图书馆学和情报学之间有着密切的关联，两者之间在信息检索、信息服务和信息基础理论等方面有着很多交叉，而这些恰好是图书馆参考咨询工作的重要组成部分。

传统图书馆的信息服务，其服务形态大多为图书借还这类基于文献物理载体的介质转移服务，随着社会信息化程度的提高，图书馆信息服务已经从文献提供逐步向内容服务转移，信息服务内容的特定性与专指性已经成为以参考咨询服务为代表的图书馆信息服务的典型特征。图书馆信息服务中介功能的体现，越来越多地反映在将广泛分布在各类文献中的隐性知识加以显性化的服务过程当中。数据管理支持、统计与分析咨询等也开始成为图书馆的常规服务内容。在这样的业务工作环节中，情报学的方法论和工具在图书馆信息服务中的应用变得越来越普遍，图书馆信息服务也逐步向知识服务方向发展，图情一体化趋势日渐明显。

4.立法与决策服务在今后一个时期内成为图书馆开展参考咨询服务的牵引力和重要内容。

我国公共文化事业的发展，促进了传承文明、服务社会的价值取向在越来越多的图书馆得以体现。与之相对应，随着国家立法与决策科学性和民主化的日益提升，作为服务社会的最高形式——面向国家机关的决策咨询服务的探索与实践，近年来在图书馆业界得到了越来越广泛的重视和开展，立法与决策机构对信息服务的需求持续增强，图书馆立法与决策服务规模和服务水平也有着长足的进步，政府主管机构对图书馆开展该项服务也提出了明确要求和具体考核办法，这势必在今后一个时期内，为图书馆参考咨询业务的发展提供新的牵引力和契机。

5.图书馆信息服务的发展将会更多地呈现出跨越式或者跳跃式发展的趋势。

由于历史和自然条件等方面的原因，我国图书馆事业发展不平衡，地区性差异巨大，为促进我国文化事业的建设和发展，自20世纪初开始，我国在加大文化投入、积极推进图书馆硬件建设的同时，还先后启动了全国文化信息资源共享工程、电子阅览室工程和数图推广工程等一系列数字文化工程，利用先进的信息技术服务手段，跨越数字鸿沟，努力减少因经济发展不平衡而导致的对公民文化生活的影响。这些数字文化工程项目的实施，有助于帮助经济欠发达地区建立起公共文化服务体系，迅速在网络建设、系统建设、资源建设、人才队伍建设、服务建设和技术标准建设等方面达到一个相对较高的水准，并利用后发优势，结合地区特色，打造图书馆特色服务和产品，实现信息服务发展的跨越式或者跳跃式发展。

6.图书馆营销将成为深化和发展图书馆信息服务的最有效途径。

作为公益性机构，图书馆营销主要是通过公关宣传手段，吸引更多社会公众了解并使用图书馆的资源和服务，同时努力争取募集资金和文献资源以充实自身的馆藏和服务能力。作为公共文化服务机构，图书馆在公共领域的知名度和被认可的程度，在很大程度上决定着图书馆存在的合理性和必要性。早在1876年美国伍斯特公共图书馆馆长塞缪尔·格林提出图书馆开展参考工作的理由时，就已经提出应在社区中推广图书馆这样的带有图书馆营销理念的观点，这也从另一个侧面印证了公知度对信息服务的重要意义。特别是在当前社会信息传播高度发达的情况下，如何能够顺应时代发展而不被淘汰，图书馆必须随社会变化而动态把握用户需求变化，调整和完善自身定位，争取更好的资源条件保证自身运转、扩大服务规模并确立良好的社会形象，这其中每一个环节都需要图书馆借助营销的理念和方法来提升效能。

（三）新信息生态环境下参考咨询工作的应对策略

与信息生态环境变化相伴，新技术、新媒体和新方法不断涌现，丰富了图书馆开展参考咨询业务的工作方法、服务工具和技术手段，同时社会公众在获取信息服务和利用文献信息时也拥有了更多的自主性和选择空间。对于图书馆而言，在新的信息生态环境下，如何重新认识和把握参考咨询业务的属性和特征，主动适应用户需求的变化，调整和完善服务策略，以应对信息环境变迁所带来的挑战，是一个必须面对和解决的问题。

从图书馆参考咨询服务产生和发展历程中可以看到，这项服务的一个基本属性就是图书馆为用户提供的个人帮助，参考咨询业务也大多基于这样的认识进行服务设计。图书馆参考咨询服务经历了 140 余年的发展，业务信息生态环境已经发生了深刻的转变。在参考咨询业务表现形式上，虽然很多服务依然是以图书馆为用户提供个人帮助的形态呈现，但是其业务基础和用户关系都已发生了质的转变。

在业务基础方面，传统参考咨询工作的业务基础主要来自两方面，即图书馆员对用户及其需求的把握，以及图书馆员对于参考信息源及其检索方法的了解和掌握。这也是长久以来将参考咨询服务定位于图书馆员与用户之间建立的"个人关系"的原因所在。信息技术的快速发展和广泛应用，为图书馆参考咨询业务更好地在新的信息环境下长足发展提供了有力支撑。数据库技术、数字图书馆技术、网络与无线通信技术、大数据采集及分析、人工智能和云服务等技术的应用和普及，不仅使参考咨询服务获得了强有力的业务基础条件支撑，也改变着这项工作的业务组织形态和服务策略。参考咨询业务已经告别了以参考咨询馆员个人业务能力为依托的时代，而将工作重点转向数据挖掘、关联分析和个性化服务等方面，通过强化对参考咨询馆员的业务支持，实现整体业务能力的拓展和提升。

在与用户关系方面，传统参考咨询中参考咨询馆员充分发挥自身业务技能，充当了用户与文献间的中介角色，无论是对于参考咨询馆员还是用户，咨询项目大都属于偶发的零散服务，项目之间缺乏有机连接。随着社会信息化程度的提高，在泛在的信息环境内，人们很自然地会产生对泛在的信息服务的要求，也即用户在有信息需求时可以在自己所处的地方接收信息资源和服务。从参考咨询服务设计角度来看，这就要求图书馆必须建立起新型的用户关系，将自己的服务嵌入用户信息活动的全过程，而不再只是针对用户信息需求的部分阶段提供服务，依据这样的服务情形建立起的参考咨询馆员同用户的关系也将不再是中介关系，而是合作与协同关系。

基于上述分析和判断，面对新的信息生态环境，图书馆需要特别关注以下几方面的问题，以完善参考咨询服务策略，建立起更具效能的服务。

1. 注重资源的整合与揭示

对于图书馆而言，资源整合与揭示并不是一个新课题，但是在信息生态环境下，图书馆资源整合与揭示的着眼点应从文献的最小物理单元转向文献内容本身，也即细化文献揭示的颗粒度，注重文献间关联关系的揭示，致力于将隐形信息显性化，从而为用户提供更具针对性的内容服务。

2. 丰富信息服务的内容与层次

用户的信息需求是全方位、多层次的，无论是最简单的文献提供服务，还是基于复杂计算的内容分析，服务的价值和意义并不因用户需求知识含量的不同而有差异。因此，新的信息生态环境下图书馆的参考咨询服务，应是在巩固既有服务的基础上，努力拓展信息服务的深度和广度，丰富所能提供服务的内容与层次，建立起相对完整的信息服务链和产品链，在满足用户不同层次的信息服务需求的同时，有助于启发和引导读者更为全面地利用图书馆的资源和服务。

3. 强化用户信息行为的数据收集和分析

以用户为核心的服务理念早已为图书馆界所普遍接受，但是如何将这一理念在服务中加以体现，在不同图书馆间却存在着巨大的差异。落实用户核心服务理念，使用户获得最好的服务体验，需要图书馆有能力精准定位不同类型用户群体与图书馆各项服务之间的关联,并结合图书馆环境和条件,制定相应服务策略,有针对性提供服务。在这个过程中,收集用户信息行为数据并加以分析是最为基础的工作环节,通过这项工作,可以准确和动态地把握用户需求及其变化,在最大程度上减少图书馆服务设计的主观性和盲目性。

4. 积极促进服务协作

开展服务协作,可以帮助图书馆在人力资源、馆藏资源和读者服务等领域,最大程度上发挥优势资源的潜能,克服本馆的局限性,分享服务经验、拓展服务能力、提升服务水平,实现资源配置效益的最大化。

5. 完善图书馆评估体系

绩效评估与成效评估是评估工作的两种类型。前者关注图书馆投入、产出与效率的评估,后者则是关注对图书馆服务影响与效果的评估。两者都是图书馆服务质量评价不可缺少的重要组成部分,也都分别建立起了较为完善的理论体系与规范化的测评程序或技术标准。历史上,图书馆评估多侧重于绩效评估,但是绩效评估并不能帮助图书馆准确把握图书馆将自身服务诉求施加于服务对象后的用户感受,而成效评估则采取通过客观指标量化用户服务体验主观感受方式,准确判断图书馆的服务效果。对用户及其信息需求的满足是图书馆信息服务的出发点与归宿,将绩效评估与成效评估相结合,构成相对完善的图书馆服务评估指标体系,对提升用户体验,改进图书馆服务建设都具有重要的现实意义。

第六节　知识服务理论及服务内容创新

一、知识服务的内涵

知识经济社会的迅速发展、社会和用户对知识的迫切需求，都促使图书馆在知识的组织与管理、资源的提供与服务形式与方法等方面进行改革。图书馆传统的信息服务工作受到了严峻的挑战。知识服务的价值在于为用户提供服务的知识含量。用户利用图书馆最关注的是能否从繁杂的知识信息资源中捕获到能解决所面临问题的知识信息。

二、知识服务的宗旨

图书馆知识服务工作应以"用户问题的解决"为服务宗旨。但是网络用户千差万别，要满足每个人的知识需求是不可能的。可以采取服务宗旨分层模式。可将目标分为四层：一是为解决问题提供线索；二是为解决问题提供文献保障；三是为解决问题提供可供选择的程序化知识或过程；四是为解决问题提供方案。根据用户问题的解决程度，判断知识服务的效果，亦可分为四层：没有解决，部分解决，接近解决，完全解决。

三、服务内容的创新

（一）开展网上信息服务

面对网上浩瀚的信息资源，读者要想获取所需的信息并非易事。因此，图书馆要充分发挥文献信息服务中心的作用，对网上的信息资源进行收集、整理、研究、加工，不断拓展和深化图书馆信息服务的功能，努力为读者提供网上信息服务。

（二）开展网络信息导航

随着信息时代的发展，信息环境的变化，读者对于信息的获取更加方便快捷，人们甚至足不出户，只需登录信息图书馆的网站，便可查找到自己想要的信息内容。显然，图书馆这种信息导航的功能在网络时代得到了强化。信息导航作为图书馆的传统优势，也在信息时代继续发挥着自己强大的作用。

图书馆可以在自己的网页上建立网络导航系统，把读者常用的数据库地址或相关的资源预先汇集起来，并对网上有用的信息资源进行分类、加工，引导读者正确上网检索。读者在图书馆网络导航系统的指引下，能够快速找到所需的关于某一专题的网址或数据的集合等信息，也可以从一个网站直接漫游到导航链接的互联网的各个角落。

（三）开展网络教育

图书馆工作者要善于利用网络的优势，积极开展对网络用户的培训与教育工作。通过网络，图书馆可以为用户讲授网络的基础知识，介绍网上信息的鉴别和收集、网络导航器及其搜索引擎的使用方法，并指导用户如何查寻联机目录、如何检索免费的数据库、如何使用电子邮件等。

第七节　服务创新是教育事业发展的内在反映

服务创新是经济技术进步的外在需要，也是教育事业发展的内在反映，是知识经济的形势要求，是信息技术的形势要求，更是创新教育和高校发展的形势要求。图书馆的发展历史表明，只有不断创新，不断变革，才能跟上社会发展的步伐，才能为社会的发展贡献力量。

创新是一个民族进步的灵魂，是一个国家兴旺发达的不竭动力。中国需要发展，需要具有创新能力的人不断创新，而创新人才的培养又需要社会化的创新教育。随着教育投入的不断增加，高等学校的规模不断扩大，高等学校作为跟踪国际学术发展前沿、积极参与国家创新体系建设的教育主阵地，已成为创新型人才培养的基地。图书馆作为学校的三大支柱之一，在学校大力开展的创新教育中，以创新教育为契机，以培养创新人才为己任，积极发挥图书馆馆藏资源、环境资源和第二课堂的作用，对推进高校创新教育十分重要。

一、创新教育的形势要求

（一）创新教育的内涵

创新教育就是根据创新理论的原理，通过一系列的制度创新、机构创新、思维创新、管理创新、教学内容和方法手段的创新等，以培养具有创新素质的创新人才为价值取向的教育。创新教育的本质是开发人的创新能力。从本质上说，创新教育是一种反映时代精神的教育思想和教育理念，它在理论和实践上都有着明显的特征。

1.创新教育是高层次的素质教育

素质教育是创新教育的基础。从教育模式的角度来说，创新教育则是高层次的素质教育，是素质教育的最高体现。因为创新教育所培养的素质是创造素质。创造是人类本质的最高体现。以培养人的创造性为根本宗旨的创新教育，既是人类最高层次的教育，也是当前正在全面实行素质教育的一种最高形态的实践模式。

2.创新教育是面向社会全体的教育

创新教育不是精英教育，而是面向社会每个个体的教育。创新教育的基本理念认为，创新是人的本质特征，人人都有创新潜能，时时都有创新之机。创新教育必须摒弃创新是精英们的"专利"的观念，树立人人是创新主人的意识，根据个体的不同特点因材施教，使其都具有创新精神和创新能力。

3. 创新教育是注重个性的教育

创新教育并不是用一个固定的模式去批量制造创新主体，而是充分注重个性、尊重差异，承认每个人在价值、才能、情意和行为方式上都是极富个性的个体，依据个体的志趣、特长等加以引导，以提高个体的创新能力。创新教育必须尊重个性，承认差异，赋予每个人自由发展的机会和权利，让他们通过选择，在自己擅长的方向上去发展，以自己独特的理念和优势去超越，去突破，去创新。

4. 创新教育是一种主体性教育

教育对人的发展取决于它在多大程度培养出主体性强的人，以主动适应社会发展的要求。创新教育的本质特征是把个体的地位、潜能、利益、发展置于核心地位，高扬人的主体性，其职能就是最大限度地激发人的积极性、主动性和创造性。从这种意义上说，创新教育是一种主体性教育。

5. 创新教育是平等、民主的教育

创新教育在价值观上集中体现了教育的平等性、民主化特点，主张尊重和保护人与人之间存在的必然差异，给予每个人充分发展其自身、激发其内在潜能的平等机会。要求建立平等、民主、和谐的师生关系，形成一种和谐平等的氛围。这种和谐的氛围可以为学生营造一个充满朝气、宽松自由的空间，使他们在没有思想束缚的环境中勇于探索和创新，大胆质疑，充分表现自己，使他们的潜能得到充分发挥和协调运用，使创造力尽可能得到发展和提高。

6.创新教育是终身教育

人的创新品质是在长期的学习与训练中逐步形成的，不可能通过阶段性的训练就能形成持久的稳定的创新品质。完整的创新教育是从婴幼儿时期开始的，学前教育、小学教育、中学教育、高等教育、继续教育都要全面体现创新教育的思想，这样才能提高所有人的创新能力，也才能够最终使我们的民族富有创新精神。创新能力需要终身培养，创新动机需要终身激励。从这个意义上说，创新教育既是全民教育，也是终身教育。

（二）图书馆在创新教育中的作用

教育是培养人才和增强民族创新能力的基础。教育要不断培养大批合格的有中国特色的社会主义的建设者，不断造就大批具有丰富创新能力的高素质人才，不断提高全民族的思想道德素质和科学文化素质。这些素质的养成要求现行的教育空间要扩大，教育内容要拓宽，要从传统应试教育、单一的课堂教学模式向课堂教育、图书馆教育和社会实践教育三方面相结合的素质教育转化。而图书馆教育的表现形式既有有形的，也有无形的，既有物质的，也有精神的，使得图书馆在创新教育中具有自身独特的功能与作用。

1.创新教育的第二课堂

创新教育是一个系统工程，要求在充分进行知识教育的基础上，进行全方位、多层次、系统化的思维训练、观念调适、方法培养和技能实践，在学生智力水平、学习动机、学习兴趣等各培养目标中重点加强与创新相关的内容，提高他们的创新能力。这就使得无论是教师还是学生，都对作为信息集散地和加工所的图书馆的依赖性和期望值都大大地提高。

图书馆教育的自由性、可选择性，图书馆信息资源的系统性、完整性和新颖性，以及多媒体技术、网络技术在图书馆教育中的应用，都不断彰显图书馆在高等学校创新教育中的重要地位。图书馆通过对文献信息的针对性、系统性、连续性、新颖性的不断研究和完善来为创新教育提供文献保障,成为学生构建合理知识结构的最理想的第二课堂。社会的发展和科技的进步,要求对大学生进行信息素质教育,使他们具有敏锐的观察力,能从大量繁杂的信息中发现有价值的信息,并能依靠掌握的信息技术和信息工具,迅速有效地获取、利用这些信息。因此,开辟第二课堂,帮助大学生学习掌握网络知识以及现代情报检索技能,提高其利用馆藏资源的能力,也是创新教育的迫切要求。

2. 终身教育的最佳场所

以教育为基础,实现劳动者知识化和学习终身化是知识经济发展的必然趋势,也是新世纪创新教育的重要内容。由于知识老化加速,新专业不断涌现以及职业更替频繁,在人的一生中,只靠在校学习,即一次教育不能满足时代发展的需要,终身教育将成为必然趋势,而图书馆为终身教育提供了可能和机会。

知识经济时代的图书馆已不再是传统意义上的图书馆,它不仅拥有丰富的馆藏,而且拥有经验丰富、高素质的知识信息检索和研究专家,能够辅导和帮助读者学习获取知识信息的方法,使之学会如何在知识信息的汪洋大海中迅速获得自己所需的知识信息;能够解答读者在学习和工作中所遇到的各种疑难问题,使读者接受教育、获取新知识的过程更加顺畅。此外,逐步走向社会化的图书馆,将不再按身份来限制读者利用图书馆,各种类型的读者都能利用图书馆获取自己所需的知识信息,进行必要的即时学习。因此,无论从知识信息的丰富性还是读者获取知识信息、接受教育的方便程度等方面来说,图书馆都是实施终身教育的最佳场所。

3. 通才教育的重要基地

通才教育是指建立在拓宽基础知识前提下的专业教育，由此，美国兴起了通才教育运动。其宗旨是：使一个人在职业教育以外得到全面发展，包括他的生活目标的文明化、情感反应的纯净化以及依据时代最优秀的知识理解事物本质的成熟化。一些强调通才教育的国家，其大学教学和科研是通过图书馆进行的，因为这种从图书馆培养出来的人具有极强的学习主动性、创造性。因此，图书馆应在崇尚学习的知识经济环境下，充当读者技能培养的重要教育机构，训练和培养他们获取知识的能力、主动学习的能力、独立研究的能力等。事实上，图书馆教育方式具有主动、灵活、多样、可选择等特征，有利于学生独立性、创造性和开拓性的培养，更有助于高等教育的培养目标从专才教育向通才教育的转变，使图书馆真正扮演通才教育重要基地的角色。

4. 个性发展的培养中心

大学生在图书馆查找资料、阅览文献、进行自学或在因特网上浏览的时间会远远超过课堂学习的时间，使图书馆成为真正意义上创新教育的第二课堂。如果说课堂是共性教育，那么图书馆就是学生个性化教育的重要场所。与课堂学习相比较而言，图书馆学习是一种自由开放的形式，它能让学生根据自己的兴趣和特长，有所选择地进行深造和提高，让学生形成稳定的个性特征，挖掘与发展自身的潜能。图书馆个性教育功能的实现，显然有利于创新型人才的培养。

（三）图书馆服务创新是创新教育的内在要求

图书馆的基本职能是教育职能和信息职能，而国家创新体系所包括的教育创新体系和信息服务创新体系，就必然要求图书馆服务创新。图书馆的创新教育作用和功能不可能通过硬性灌输、制度的约束等外部强制力来完成，而是要加强服务创新，不断提升服务能力和服务质量，通过建设优质、丰富的文献资源，创造良好的文化氛围与和谐的学习环境，采用现代科学技术手段，提供优质、周到的服务，树立不断创新的思想，建设一支高素质的馆员队伍来实现。

1. 要求加强信息资源建设与利用，营造创新的文化氛围

面对"全球信息一体化"的 21 世纪，图书馆信息资源建设与利用必须走出一条创新的路子。要加强信息资源的建设，充分利用图书馆的文献信息资源，并把这些资源转化为有利于创新教育的有价资源。必须充分利用现代各种新载体、新技术和新手段，活化资源和信息，增加灵活性，增强创新能力，以充分提高馆藏文献信息资源的利用率，提高服务效率和质量，营造一种创新的文化氛围。这是图书馆迅速、准确地为学生提供良好服务的基础，有利于更好地开展创新教育。

图书馆必须充分发挥自己的信息资源优势，突出图书馆科技信息加工和检索的网络化、现代化地位，将资料检索、书籍阅览、信息存取、学术交流等在图书馆的结构和功能上形成一个有机的整体，使学生置身在这一开放、多元的信息环境中，能够自然地感受到现代社会和未来文明相交汇的充满想象和创造欲望的灵感冲动。同时要通过举办各种学术报告和演讲、座谈等多种形式的学术交流活动，使图书馆成为一个各种学术思想和观点交汇、碰撞的中心，从而为大学生培育创新思想、展示创新才华提供一个丰富多彩的舞台，引导学生进一步去开展相关学术问题的资料检索、学术研究等创新性实践活动，使图书馆形成一个激发、引导、催生创新思维和创新灵感的教育环境。

2. 要求拓展服务手段与方式，提高创新教育的水平

图书馆要发挥在创新教育中的积极作用，就必须不断改进服务手段

和方式，提高创新水平。要适应创新教育对知识信息的需求，图书馆的信息服务应设法从文献单元深入信息单元，通过信息挖掘，向读者提供高技术含量的增值信息服务。一是要尽快完成由封闭式的被动服务模式向主动、快速的开放式服务模式的转变。二是积极稳妥地运用智能辅助化技术与服务系统开拓新的服务项目和服务领域，不断加强技术创新和新技术的应用，深化信息服务的深度和广度。三是建立和健全读者的反馈机制，认真听取读者的要求、建议和批评，热情地解答读者的咨询、质疑，以知识为对象进行加工、整理，使之成为专题的、定向的信息，并提供个性服务即定题服务，同时提供参考咨询和特殊服务。四是积极开展用户教育，引导读者进入网上特定的数据库进行信息检索，充分利用虚拟馆藏信息资源。五是全面开放图书馆信息资源和设备条件，如计算机检索、光盘检索和镜像站等，将文献检索的途径指引工作由学生自己完成，使学生在这个过程中逐渐培养信息意识和信息能力。

3. 要求培养具有创新精神的图书馆员，保证创新教育的实现

英国图书馆专家哈里森说："即使是世界上第一流的图书馆，如果没有能够充分挖掘馆藏优势、效率和训练有素的工作人员，也难以提供广泛有效的读者服务。"造就培养一批观念新、知识新、结构合理、具有较高创新素质的馆员队伍，是实现图书馆创新教育的关键所在。

图书馆员首先要具有创新意识。图书馆员只有思想活跃，善于接受新思想、新事物，善于捕捉新的信息源及发现读者新的信息需求，才能提供及时的创新的信息服务。其次要具有创新精神，勇于开拓进取，勇于探索，不墨守成规，努力提高自己的精神境界与知识水平，以自己的行动带动学生的创新积极性，营造充满活力的创新气氛。再次要具有创新能力，图书馆员不再是传统服务模式中简单的文献保存者与传递者，他

们不仅是服务者，还可发展为信息专家、信息管理者、知识管理专家，在工作中应从宏观角度进行调控，严格控制、协调信息的采集，围绕创新教育组织信息，注重馆藏信息服务和具有个性创造性资源的开发利用，为创新人才积累知识，为自主性学习提供方便之门。

面对知识经济的挑战，图书馆只有不断创新，才能跟上时代的步伐，使教育的时间从学校延伸到整个人生，使人们在未来的工作中不断接受新知识，掌握和运用新知识。图书馆只有不断创新，才能辅助创新教育实现对求知者的智能教育、通才教育、终身教育和管理教育，使他们能够在知识经济的大潮中学会学习、选择、生存、发展。因此图书馆服务创新既是创新教育的必然要求，又是创新教育的延伸。

二、高校发展的形势要求

在此轰轰烈烈的合校、扩招、强校的形势下，为了在激烈的竞争中占有一席之地和拓宽自身的发展空间，众多的高等院校都把做大做强作为自己的目标，而在《规程》中要求，高等学校图书馆的工作是学校教学和科学研究工作的重要组成部分，高等学校图书馆的建设和发展应与学校的建设和发展相适应，其水平是学校总体水平的重要标志。在此背景下，作为高等院校办学三大支柱之一的图书馆则必须随之进行变革创新，以适应学校教育教学改革的要求，促进高校的发展。

高校是科学研究的重要基地，与其他科研机构相比，高校的科研水平和科研成果在稳定的基础上不断上升，从市场上获得的科研经费也在不断上升。科技成果转化速度大大加快，高校科技企业蓬勃发展，科学园地不断增多。在这一系列过程中，图书馆起着举足轻重的作用，具体表现为：图书馆提供文献信息服务于科研，图书馆参与科研过程，图书馆独立承担科研项目，同时图书馆在科研成果转化过程中起中介作用，等等。但是，总体说来，图书馆在这些服务和工作中的作用是不够的，不够积极主动，不够开拓创新，不够深层次高质量，不够及时高效，不够社会化和市场化。为了适应高等学校的发展，开创服务科研工作的新局面，解决这些矛盾，图书馆就必须创新。

第八节　服务创新与图书馆建设

一、服务创新是图书馆职能的要求

（一）图书馆的职能

职能指人、事物、机构应有的作用、功能。在图书馆的历史发展过程中，图书馆的职能是随着社会及图书馆自身发展规律的变化而发展变化的。我们一般可将其归为两大类，即基本职能和社会职能。

1.基本职能

《美国百科全书》"图书馆"词条绪论指出："图书馆出现以来，经历了许多世纪，一直担负着三项主要职能：收集、保存和提供资料。图书馆是使书籍及其前身发挥固有潜力的重要工具。"图书馆的基本职能具体说来可以分为三部分：一是对知识、信息的物质载体进行收集、选择、积聚；二是对知识、信息的物质载体进行加工、整理、存贮、控制、转化；三是对知识、信息的物质载体进行传递和提供使用。

2.社会职能

国际图联在法国里昂召开了图书馆职能的科学讨论会，会议通过的一致认为，现代图书馆的社会职能有四种：①保存人类文化遗产；②开展社会教育；③传递科学情报；④开发智力资源。这四种职能基本反映了现代图书馆的实际情况和现代社会对图书馆的实际要求，是不同国家的现代图书馆所具有的共同职能，也是社会要求图书馆承担的共同责任和义务，是社会对图书馆的共同要求。

（二）服务创新是对图书馆职能的拓展

从 19 世纪的封建藏书楼时期，到 20 世纪初的读者服务开创初期，再到 20 世纪 80 年代计算机广泛应用时期，以及今天的网络普及时期，人们时刻感受着图书馆服务的巨大变化，感受着图书馆职能的丰富发展。如果说古代图书馆主要肩负保存人类文化典籍的职能，那么近代图书馆就又增加了社会教育的职能，而现代图书馆又要担负起传递科技信息和开发智力资源的职能。可见，随着知识经济的发展和信息技术的进步，图书馆的物理形态和内容都发生了改变，但图书馆的职能和使命不仅没有弱化，反而得到了强化。图书馆职能的强化促使图书馆进行全方位的创新，而加强服务创新也是对图书馆职能的拓展。

1. 对图书馆收藏职能的拓展

广泛收藏文献以记录人类文化遗产，是图书馆有史以来的最基本的社会职能。在收藏职能的推动下，图书馆形成了庞大的以纸质文献为主的资源体系。现在，馆藏的概念和馆藏的质量发生了根本的变化，它的核心使命是面向社会提供信息咨询服务。这种目的决定了图书馆在收藏内容、获取方式上有别于传统的收藏职能。收藏职能可以说超越了以往"唯藏是瞻"和追求大而全的种种弊端。

图书馆的收藏范围进一步扩大。首先，网络的出现使得电子出版物和网络信息的生产和传播成为现实。而图书馆过去以印刷型纸质文献为主的馆藏资源体系又逐步地成为网络条件下图书馆迈向现代化电子图书馆的一大障碍。因为电子图书馆主要以计算机技术作为主要的技术与服务手段，而电子计算机不能能动、直接地识别和处理纸张化的文献。因此，随着网络信息技术的发展，图书馆的文献收藏将出现物理馆藏和虚拟馆藏并存的局面，并逐步地向以虚拟馆藏为主的馆藏资源体系转变。这不仅仅适应了环境的变化，而且还大大丰富了收藏内容、拓宽了馆藏范围，实现了社会资源的馆藏化。

收藏空间实现了从物理空间到网络空间的超越。馆藏数量的不断增长和物理空间的不断扩大，几乎是所有传统图书馆长期不变的生存和发展模式。但是这种收藏空间的无限膨胀趋势，将在网络化条件下得到有效的控制。其理由主要如下：由于电子文献的高密度存贮的特性，单位空间的收藏体积被高度压缩。在网络化条件下，馆藏概念和馆藏的评价标准发生了根本变化。首先，馆藏的含义扩大了，不仅包括不同的信息格式（如录像带、软磁盘等）和信息类型（如应用软件、书目文档、全文信息等），而且还包括以"虚拟馆藏"形式成为"本馆馆藏"的丰富的网络信息资源。其次，在馆藏质量的评价上，馆藏数量的多少或馆藏规模的大小已不重要，而联机数据库或网络信息的存取质量越来越显得重要。这就促使各个图书馆在对馆藏规模的认识上，不追求无止境的物理空间的扩大，而是追求网络空间的扩展。

图书馆收藏方式趋向于多馆合作。传统图书馆的收藏策略，主要是各个馆都追求大而全、小而全的馆藏资源，形成一个独立的馆藏资源体系。而在网络环境下，由于馆际互借、联机访问、远程登录等资源共享方式能够顺利实现，各个图书馆不可能也不必要追求那种独立完善的实物馆藏体系，而是以网络为依托，联机互访，广泛交换信息，建立并实现较完善的资源共建共享体制。

2. 对图书馆服务职能的拓展

图书馆的服务职能是与生俱来的，传统的读者服务是向读者提供文献。它所处理的对象是文献，从文献中获取信息是读者自己的事情。而在网络化条件下，服务模式实现了从"1—N"到"N—1"的超越，传统的图书馆的信息传播过程中，文献信息的传播是1点对多人，即一个图书馆同时对无数个读者。这种模式本身就注定图书馆永远也摆脱不了资源保障体系不完善的困境，进而也永远摆脱不了服务效益低下的困扰。而"N—1"模式，指的是多个图书馆或信息资源集散地共同对应一个读者，读者可以通过网络随时随地获得所需信息。在这种模式下读者可以任意选择访问任何一个图书馆或信息源，充分享受共享的便利。

同时，图书馆也由馆内服务向网络服务拓展，以往用户要想获得图书馆的服务，必须亲自到馆并在很大程度上受到地理、经济、时间等诸多条件的制约。这就给很多用户造成了不便。但网络的出现使得这方面的许多问题迎刃而解。首先，网络可以让多个图书馆或信息资源集合互相利用资源共同对一个用户提供服务，既使图书馆信息得到充分利用，又使读者能及时有效地获取信息资源。其次，网络的出现、E-mail、文件传输等技术在图书馆服务中的应用使得图书馆的服务半径扩大至网络终端的潜在用户。再次，网络的应用还在很大程度上延长了为用户服务的时间，甚至可以将以往的8小时服务转变为全天候24小时服务。最后，由于网络信息包罗万象，图书馆不仅可以为用户提供各种文献信息，而且遍及生活各方面的信息都可以予以筛选后提供。简而言之，网络时代中图书馆的服务已经走出"围墙"，向网络服务拓展。

二、服务创新是图书馆建设发展的要求

（一）图书馆的变化

随着 21 世纪的到来，人类社会已经步入信息时代。在信息化社会里，人们对获得的文献信息的广度、深度和准确度的要求越来越高。与此相适应的现代化通信网络技术和计算机化管理也越来越深入图书馆，致使图书馆在文献信息存储、管理服务方式上均发生了深刻的变化：①从图书的保管者到服务本位的信息提供者；②从单一媒体到多媒体；③从本馆收藏到无边界图书馆；④从我们到图书馆去到图书馆来到我们中间；⑤从按时提供到及时提供；⑥从馆内处理到外包处理；⑦从区域服务到国际服务。

（二）图书馆的现状

随着信息化步伐的加快，图书馆的工作理念与工作方式也逐步转变。

首先，图书馆工作思想正在发生转换，从"重藏轻用"逐步转向"藏用并举"，从"小而全""大而全"的封闭性管理逐步转向信息化、网络化的开放式管理。

其次，图书馆馆藏资源由现实馆藏向现实馆藏与虚拟馆藏并存转移。现实馆藏是本馆馆藏，包括本馆馆藏中未被数字化的以纸为媒介的文献信息以及馆藏中的已数字化的文献信息等。虚拟馆藏则是本馆以外的馆藏。由于虚拟馆藏的巨大信息量，绝大多数图书馆都会予以充分利用。

再次，图书馆的工作对象已由单一媒体转变为多种媒体，传统的以纸质为媒体的图书馆工作逐步转换为多媒体、超媒体工作。从磁盘、光盘到互联网络，从只读、可写到交互多媒体，集存储丰富而系统、查验便捷而准确于一身的电子文献被图书馆普遍采用。

最后，图书馆信息服务的深度正在变化。传统图书馆的一个重要职能就是对文献进行整理，提供有序化信息服务。网络环境下，人们生活进一步个性化、多样化，更具专业化和创造性，人们不再满足于这类初级信息提供方式，需要更深层次的信息服务。这种服务是根据用户的问题和问题环境确定用户需求，通过信息分析和重组形成符合用户需求的知识，或者帮助用户找到解决的方案。"以用户为中心"的思想已经得到大多数图书馆的认同。

（三）服务创新是图书馆建设的重中之重

1. 服务创新是提高文献资源建设质量的要求

由于各级高校之间管理体制和办学条件的差异，造成图书馆在信息资源建设中存在着许多问题，制约着图书馆事业的发展。一是随着现代技术的发展，文献信息的载体呈现多样性，在给人们带来便利的同时，各种光、电、磁等介质的文献信息媒体也给馆员带来了选择、标引上的困难，影响了读者的充分利用。二是购书经费投入不足，新书补充缓慢，许多高校扩招后没有按比例呈指数地增加图书经费，生均图书占有率下降。同时，我国加入世界贸易组织后，由于严格执行知识产权的保护法规，订购外刊资料的成本大大增加，加剧了图书馆文献经费的紧张态势。三是图书资料陈旧过时。许多图书馆收藏有大量过时、陈旧的或复本极大的图书资料；另外，由于一些新兴学科、技术学科（如计算机学科）的发展日新月异，知识衰老周期大大缩短，相应的图书资料很快失去参考价值。四是高校在合校、扩大招生后，高校的学科门类迅速增加，原来薄弱院校的文献资源建设很难在短期跟上。五是许多院校因合校形成了多校区格局，造成文献资源分散，不便共用共享。六是网络瓶颈。网上有用的科技信息大多须付费使用，影响了用户利用信息的积极性。相当部分的地方与自建校，因办学条件所限，信息网络不甚畅通，不能很好地利用大量的网上资源。

另外，很多院校图书馆馆藏没有形成特色，不利于优势学科专业的培育和发展。特色数据库较少，数据库规范化、标准化程度不高。各馆的数据库建设基本上是封闭式自我生产、自我服务的"小作坊"式发展模式，信息"孤岛"现象较为严重。同时，在建库过程中，由于体制上条块分割，缺乏统一的技术标准和规范，从而导致数据库的应用受到严重限制，共享程度低。以上诸种情况，在不同院校不同程度地存在着，显然与学校的发展壮大不相适应。

2. 服务创新是提升图书馆服务能力和水平的要求

受传统的"重藏轻用"思想的影响，"一切为读者""以读者为中心"的思想还没有真正落实到行动上，坐等读者上门。所有的服务基本是以图书馆为中心，可谓是围绕图书馆馆舍展开的，被动服务的现象还屡见不鲜。图书馆满足于书刊的借借还还、取取归归的服务方式。由于机制、经费、人员、设备的限制，服务工作有许多局限性，同时也束缚了服务人员的思想，缺乏主动服务的精神。

浅层次文献型服务，以收藏、加工，保存图书、期刊、资料等纸张为载体的文献信息为主。向读者提供原始文献，文献流通方式是一本图书、一种期刊或一份报纸。其次，为献计献策提供馆藏专题文献，馆藏专题文献又是以一次文献、二次文献的信息单元为主，对文献信息的加工做得很少。需要进行深层次信息处理，提升服务水准。

第五章　智慧图书馆服务创新研究

第一节　高校智慧图书馆体系下读者服务模式

随着科技的快速发展，传统图书馆的服务模式已无法满足现阶段读者的需求，智慧图书馆成为现阶段许多图书馆不断探索和尝试的创新模式，智慧图书馆也将是我国未来图书馆发展的一种主要趋势。本节就智慧图书馆下的高校图书馆读者服务模式展开探讨。

智慧图书馆的建设，固然要以硬件作为根基，以大数据作为支撑，同样也应该以服务作为保障。在建设智慧图书馆背景下，高校图书馆的服务创新，可以依托已有的资源，从智慧、融合、协同、创新等不同的层面逐步深入展开，以实现服务的优化。

一、高校图书馆智慧服务较传统图书馆的优势

对于智慧图书馆国内外已经有很多的学者进行了相关的研究。对于"智慧图书馆服务"是一种通过新技术从而使得读者能够不受地域、时间的限制能够轻松无障碍地发掘和获取更多的想要的资料。相对于传统的图书馆，智慧图书馆能够更加智慧化地实现资源信息的整合，使得读者能够更加轻易地获取更加准确的信息。读者可以通过智慧图书馆更加全面和丰富自身的知识内涵，实现知识的共享及再创造，对于文化知识的

传播具有重要的意义。而智慧服务图书馆较传统的图书馆的发展具有以下优势：其一，传统图书馆在实体环境的建设过程中，所提供的自修室、阅览室的空间都比较大，读者比较多，这就使得读者在知识的获取上只能通过简单的阅读来获取，同时知识获取的过程中很难与邻座之间交流。而智慧图书馆在知识的获取过程中，可以在自由、愉悦的环境中进行相互学习，实现学习过程中的相互交流体验；其二，传统图书馆的书籍管理过程中，采用移动互联网设备与读者交互交流过程中，交流方式过于单一，不能充分调动读者的积极性，而智慧图书馆在图书馆的管理过程中实现了数据的动态管理，可以方便读者之间的相互交流，可以有效地提高读者享受到的服务体验，充分调动读者的积极性；其三，传统图书馆在知识的传递过程中，读者多数为被动地接受着，这就使得读者缺少自主参与交流的机会，从而降低读者的学习积极性，而智慧图书馆在知识的传递过程中，采用多种知识传递模式，在知识的传递过程中，引起读者的兴趣，从而使得读者能够自主地进行相关知识的学习交流。

二、智慧图书馆时代读者交互式服务新模式

以馆藏资源建设为根基，满足读者多元需求。首先，高校图书馆应该做好基础性的工作，即以海量的、丰富的、类型多元的馆藏资源为基础，切实满足不同读者在阅读方面的需求。高校师生数量多，不同学科领域有不同的阅读要求。图书馆是阅读推广的主力，社会公众对馆藏资源亦有独特的需求。针对这种需求和要求，高校图书馆应整合各方面的资源，进一步丰富图书馆的馆藏资源。其次，搭建图书馆与读者进行互动的自助平台。读者可以通过这一平台，提交图书馆没有的或是读者迫切想要阅读的图书的类型，山东大学图书馆借助芸悦读服务平台，很好地实现

了捷阅通功能，图书馆联合浙江省新华书店为读者开通的一项线上图书荐购及借购服务，读者线上借购，图书馆买单。线下与山东书城合作，为学生提供便利；图书馆则收集读者的反馈，研究决定应该进一步购买哪方面的书籍资料，在数字图书馆中引入哪些方面的数字图书资源。最后，利用大数据，收集高校大学生的阅读信息，以此进行计算分析，汇总高校大学生的阅读兴趣及阅读喜好。高校图书馆应结合大学生的阅读喜好，再加上与不同学科教师的沟通交流，针对不同学科、不同年级的大学生，制订出不同层次的"智慧阅读计划分享方案"，以此与大学生读者进行互动，体现出图书馆服务的针对性、精细化。

高技能服务。智慧图书馆需要工作者不仅具有较强的工作能力和综合素养，全面掌握智能化设备的操作技能并且能够有效地应用在工作中，而且还要对社会发展中的新型资源和知识进行了解和掌握。在特殊的情况下，可以对读者的心理状态进行分析，了解读者内心的需求，从而提供个性化的服务，还可以在此基础上更好地适应现代化的发展趋势，推动高校图书馆的发展。另外，智慧图书馆的服务人员还要有高智商，具有较强的问题分析能力和解决能力以及对服务意识的创新能力，可以不断提高自身的服务能力，为读者提供最高技术的服务标准，达到高标准的水平，从而为读者提供最为安全、优质的服务，提供独特的信息资源，满足读者个性化的服务需求。

拓展微信阅读推广服务功能。微信平台是现代师生利用最广泛的平台，图书馆在阅读模式中需要拓展微信阅读服务方式。微信是现代主要的通信方式，人们生活已经离不开微信，必须科学有效地利用微信平台进行图书阅读推广服务，这对提高师生的阅读兴趣，激发阅读潜能都起到重要作用。

精准化服务。智慧图书馆可以直接通过无线泛在网络，随时对读者的阅读习惯、阅读喜好以及读者的动向进行了解和掌握，采用相关数据分析技术对所掌握的数据进行分析，总结出读者今后可能会有的相关需求，从而为读者提供精细化、准确化的服务。例如，在读者借阅的过程中，就可以以加微信、QQ 的方式借书，设置还书期限提醒等；通过对大数据的分析及时了解读者内心真实的需求，从而为读者提供针对性服务和帮助；在进行参考咨询服务中，可以通过对读者参考咨询的内容进行详细分析，进而为读者提供针对性的服务方案。

以馆员培训为保障，切实提高服务质量。如今，高校图书馆服务的模式已经有所转变，馆员也应该做到与时俱进，在服务的理念及服务模式上不断学习、提升综合素质，以与读者展开更高质量的沟通交流，提供更贴心、更细致的服务。高校图书馆应定期对馆员进行教育培训，以教育培训助力馆员思想观念的转变，督促其格外关注及重视服务，将工作的重心放在服务上，积极地与读者进行互动交流，致力于满足不同读者的多元服务需求。馆员要对图书馆在数字时代的新变化有所掌握，要主动地学习相关的知识与技术。在工作中，馆员应善于利用图书馆引入的新管理技术辅助工作，节约人力资源，提高工作效率。高校图书馆应创新馆员的激励机制，以提高馆员致力于服务优化的积极性和主动性。高校图书馆应注重用户的评价与反馈，以便对馆员的服务水平进行客观评判，并督促馆员纠正自身服务细节上的欠缺与不足，实现服务的优化完善。此外，高校图书馆还可以引入高校专家学者助力图书馆建设及服务，利用其丰富的学科知识，为相关专业的学生提供阅读方面的建议及指引，这也是切实提高图书馆服务质量的有效之举。

综上所述，图书馆的服务工作为了能够更好地适应社会经济逐步向知识型经济过渡的趋势，从本质上清楚认识到智慧图书馆的建设是一个漫长的过程，需要不断积极地进行探索和寻找，引进先进的科学技术和网络技术，增强高校之间的联系，创新服务理念，从而打造一个优质的高校智慧服务模式，为广大读者提供最为全面、最为专业的阅读环境，为建设智慧图书馆创造有利条件。

第二节　智慧时代高校图书馆信息检索服务转型

智慧时代促进了高校信息检索服务的不断升级更新。通过分析现阶段高校图书馆信息检索服务面临的新挑战和存在的不足，提出树立自主服务理念与社会服务意识、多方合作强化资源整合与人才队伍转型、加强用户信息素养教育、发散现有信息检索服务方式，拓展信息检索服务内涵与外延等策略，促进高校智慧图书馆信息检索服务的转型发展。

人工智能、云计算、大数据等信息技术的发展将图书馆等信息机构带入了智慧时代，智能情报与智慧服务成为智慧时代图书馆等信息机构研究与实践的重要课题。高校图书馆作为高等院校的文献情报中心，信息检索是高校图书馆信息资源价值输入与输出的重要枢纽，是用户信息服务的重要内容。智慧时代，在国家大力倡导服务创新的智能＋大背景下，高校图书馆积极主动建设智慧图书馆，采用新的服务技术，打造新的智慧空间和智能化管理系统，共同探讨和研究智慧时代高校图书馆信息检索服务能力提升的理论和实践问题，分析解决当前和未来高校图书馆信息检索服务能力建设所面对的新问题和新挑战，推动信息检索服务转型发展具有重要的现实意义。

一、智慧时代高校图书馆信息检索服务新挑战

①智能时代高校图书馆开展信息检索服务，需借鉴国内外先进的检索服务理念，弥补原有信息检索服务方式的不足，提升信息检索服务的便捷性；②高校图书馆的信息检索服务需时刻关注各种最新的信息技术，并及时将其运用到图书馆的日常服务中，提升用户检索信息的便捷性和满意度；③高校图书馆的信息服务还应当注重在信息技术引导下的转型，通过不同的服务渠道、服务方式实现更为便利、快捷的服务，提升图书馆信息资源的可用价值。具体来说，智慧化时代高校图书馆信息检索服务需进行以下4方面转型。

对传统服务方式的革新。传统服务模式下高校图书馆信息检索服务缺乏主动性，智慧时代带来的不仅是图书馆信息资源的丰富也促进了传统服务与新技术、新设施的融合，RFID、网络学习社区服务、知识资源发现系统等相关技术的应用为图书馆信息服务的革新提供了条件，极大地丰富图书馆信息检索服务手段，同时也对资源的整合、技术人才的培养和储备提出了要求，对图书馆多学科融合具有积极的促进作用，图书馆信息检索服务应朝着主动化、专业化、个性化的方向发展。然而大多数图书馆碍于当前技术力量的不足，非结构化用户信息数据的处理仍是当前信息检索服务的难题，图书馆需对信息检索服务方式进行重新思考与定位，实现信息检索服务的价值。

对服务资源的整合。高校图书馆丰富且具有延续性的信息资源是服务的优势所在，智慧时代，各种形态的信息资源在高校图书馆服务体系中共同存在并有机地融合、和谐地展现，高校图书馆对于服务资源的揭示需更加具体和详细，也能进一步提升用户对馆藏信息资源的利用兴趣和

使用依赖。

对服务环节的有效调整。智慧化时代不仅体现在对于信息资源的有效整合和揭示，还表现在对服务创新的进一步支撑上。各类电子资源、在线知识服务将有效覆盖更广泛的用户群体，而高校图书馆的服务环节也将会进一步优化，联盟服务、融合服务、定制服务等系列服务将成为高校图书馆信息检索服务环节优化的重要内容。

对信息技术的更新升级。智慧化时代各类新型智能技术蓬勃发展，如人工智能技术随着网络技术的更新突飞猛进，给信息检索领域带来很多便捷之处。智慧化信息检索是自然语言检索或可视化检索形式的重要体现，服务器根据用户所提供的自然语言或可视化检索要求进行比对分析，在后台形成检索策略进行全网智能搜索，将检索结果更加个性化、更加直观地呈现在用户面前。

二、智慧时代高校图书馆信息检索服务存在的不足

从目前运行情况看，我国高校建设智慧图书馆的过程中智能化服务尚处于一个起步阶段，发展空间很大，积极拓展智慧图书馆信息检索技术的职能服务领域，贴近用户的各种需求，大力引入智能化技术，推广及发展智能化服务，最大限度地节省读者时间，是高校图书馆信息检索服务建设的重点。当前高校图书馆的信息检索服务还存在诸多不足之处，如自主服务理念与社会服务意识不足、资源整合与人才队伍建设不足、师生对图书馆认知不足、现有信息检索服务发散性不足、对社会信息服务机构的威胁性认识不足等，重视并解决这些不足是现阶段高校图书馆发展迫在眉睫的重要任务。

自主服务理念与社会服务意识不足。①当前国内高校图书馆在信息

检索服务理念上还存在没有完全脱离传统服务的范畴，尤其是在自主服务理念的贯彻和执行方面比较欠缺，这直接影响到图书馆信息检索服务的质量和效率，是否开展主动服务、推送服务、专业化服务、个性化服务已经成为虚拟环境和现实环境中对于服务质量的评判标准之一，由于高校图书馆服务对象的单一性和服务内容的延续性，在服务理念上还没有完全融合智能自主服务理念，特别是在数据检索服务方面。②当前高校图书馆信息检索服务在服务社会大众方面，意识淡薄。在国家大力加强公共文化建设并推动社会文化服务体系建设的大环境下，高校图书馆作为社会信息服务的有机组成部分，仅有少部分高校将社会化服务纳入其中，但其信息检索服务在服务范围及服务项目的开展程度上严重不足，致使高校图书馆的社会职能发展滞后。全面意识到信息检索是一种社会服务是高校图书馆信息检索服务发展的重要方向。

资源整合与人才队伍建设较薄弱。①高校图书馆信息检索服务主要利用本馆采购的资源和自建的资源展开，然而，由于各高校图书馆采购经费的限制，其馆藏资源的丰富程度各有差别，重点院校经费充足，资源建设压力相对较小，但对于大部分的高校图书馆其资源建设经费相对紧张，可能导致每年的资源建设以续订为主，增订和新购相对困难，图书馆信息检索服务在此情况下除依托现有资源外，必须将大量的网络资源整合到图书馆资源建设中，同时加强馆际之间的交流与合作，实现信息资源的共建共享。②对于大多数高校图书馆而言，信息检索服务并非只是从事参考咨询馆员的专责，全馆馆员均有其义务和权利，然而大部分的馆员缺乏专业基础，不能及时跟进学科发展，资源和知识的整合能力缺乏，许多高校图书馆馆员对信息检索服务的认知不深入，推广不到位，信息检索使用效率不高。许多馆员没有有针对性地进行此方面的系统学习，导致信息检索服务在具体的实践中障碍重重，由此造成了信息检索工作只停留在信息查找与反馈的简单层面，知识融合服务、决策咨询服务、定题跟踪服务等高层次业务工作难以展开，故而专业的信息检索服务队伍也是当前高校图书馆急需解决的问题。

师生对信息检索认知存在偏差。当前，许多高校存在新生入校时并没有对学生进行图书馆信息检索的实践培训，学生在校期间也没有接触过相关知识的讲座。由于相关信息素养知识的缺乏，导致学生对图书馆信息检索服务的认知存在偏差，部分学生甚至存在没有使用过图书馆信息检索系统的经历，长此以往，学生信息检索技能弱化，图书馆变成了学生自习的地方，学生在日常生活中有信息需求的时候，往往需要很烦琐、很复杂的程序才能找到需要的信息，这样是对高校图书馆信息检索服务作用发挥很大程度上的削弱。此外，大数据环境和互联网＋对用户的信息需求在内容表达和获取方法上产生了较大的影响，用户对自己的个人信息保护意识日趋增强，使图书馆不能对用户的即时信息需求做出有效应对。

现有信息检索服务缺乏发散性。①信息技术与网络技术的飞速发展，高校图书馆传统的信息检索系统自身缺陷日益显现，如单一输入信息方式的检索，只能通过文字符号的形状进行匹配，对语音的匹配度较低。②由于高校图书馆服务对象和内容的限制，很大程度上都是以教学和科研为主，随着社会服务的不断完善和用户对信息知识的需求不断扩展，在大数据环境下提升信息检索服务的质量，其一高校图书馆未意识到用户的信息需求会超出其学科背景，发散性的信息检索服务是图书馆信息服务中需要不断完善的重要内容；其二高校图书馆需突破服务对象的局限性，往往只侧重于对高学历、高职称用户的精准服务，而忽略了广大学生及基层教职工的服务需求。

社会信息服务机构威胁。智慧时代，大数据环境背景下，各类智慧型信息服务机构蓬勃发展，由于高校图书馆的信息服务受自身资源建设、服务范围、学科意识等方面的限制，在信息检索服务效果方面被社会信息服务机构不断削弱，信息情报的决策作用迫使图书馆进一步提升信息服务内涵，与社会信息服务的发展轨道严丝合缝，才能得到更长远有效的发展。

三、智慧时代高校图书馆信息检索服务转型对策分析

树立自主服务理念与社会服务意识。智慧时代，人工智能技术的出现为创新高校图书馆信息检索服务创造了条件，高校图书馆"人工智能技术"支撑下的信息检索系统质量，不仅可以解决高校图书馆信息检索系统服务问题，而且对信息检索服务工作革新也起到非常有效的作用。智能检索系统对知识数据库检索推理出的结果，能够更加直观地展示给用户进行利用，用户只需通过语言或语音等关键词方式向计算机输入自己的需求，无须人工干预，计算机通过全网搜索将用户所需关键词信息按相关性程度一一排列，以供用户所需。高校图书馆作为信息服务的重要组成部分，信息检索技术的智能化具有相当的发展潜力，有助于从用户的信息服务环境出发，在复杂的信息海洋中方便快捷地选择用户所需信息，实现图书馆信息检索自主服务理念的转型。

新时代，国家政策大力推进文化共享工程建设力度，要求进一步夯实社会信息服务的能力，这是高校图书馆发展的良好机遇，智慧化时代随着信息技术的发展和信息资源的激增，高校图书馆信息检索服务需立足于社会的现实需要，适应市场经济规律，树立社会服务意识，拓宽社会

服务智能，扩大服务范围与服务内容，准确及时地把各类科学情报传递给包括高校在内的一切社会用户，运用现代先进的服务技术，如人工智能、移动互联网、云技术、虚拟现实等提升用户体验，提高资源的利用效率，拓展信息检索服务的覆盖面。

多方合作强化资源整合与馆员队伍转型。随着社会信息资源与网络信息资源不断暴增与更新，由于网络信息资源具有动态性、分布性、丰富性等特征，如何快速获取用户所需的正确信息，应将创新作为信息检索技术发展的目标，在不同层次上，将信息资源中的文献信息、数据信息等按不同结构以分层方式进行合并整理，强化资源整合力度，这样使得信息资源分布更具结构性、专业性，不仅能够提升用户信息检索的效率，更加提高了图书馆信息资源的利用率，促进了高校图书馆信息服务工作的全面发展。此外，通过多方协作，积极筹建校图书馆的知识力量：①积极吸纳社会学者和具有相应研究能力、知识处理能力的个体或组织以弥补图书馆自身服务力量不足的现状；②图书馆限于所在环境的影响，在一定程度上缺乏前瞻性和预测性的资源支撑，可通过联合社会力量为用户提供个性化、前瞻性的信息服务；③可通过积极争取社会力量的支持，多方筹集经费，不断优化信息资源为信息检索服务奠定基础。

高校图书馆的信息检索服务是管理工作中非常重要的一部分，面对科研密集型环境，基于数据、知识、决策的服务要求是智慧时代图书馆信息检索服务的主要发展方向和转型趋势。为此，图书馆馆员队伍的职能需要进一步拓展和转型。馆员持续教育必须提上图书馆发展的日程。内容包括，信息检索数据服务方面，因需要对相关数据资源的深度挖掘，这就需要掌握数据处理技术的人才，培养既具有图书情报专业知识又具有计算机能力的多学科人才。与此同时，通过适当的激励机制和培训体系不断实现馆员知识与业务能力的更新，智慧时代需要通过激励机制和相关技能知识教育培养出符合图书馆需要的智慧型馆员。

加强用户信息素养教育。高校图书馆加强管理者对信息检索服务工作的认知，针对大部分师生对图书馆信息检索认知模糊的情况，有必要提供相应的用户培训，以加强其信息素养教育。从宏观角度讲，首先最基础的是对学生进行入馆知识教育，图书馆员需要对学生进行信息检索技术使用引导，让学生可以熟悉操作，独立使用信息检索技术。其次，网络时代，大多数师生都会利用互联网数据库或网络搜索引擎等来寻找信息资源，包括微信公众号、自媒体朋友圈等。为此，加强图书馆信息检索服务的推广力度可增强读者对图书馆信息资源的依赖性。一方面，在图书馆网页或学校各类自媒体官网增强图书馆信息资源宣传力度，利用客服咨询、宣传窗口等方式进行推广，及时更新网上图书馆信息资源，发挥宣传推广作用；另一方面，图书馆全体馆员转变服务态度，积极主动帮助到馆师生在细微之处熟悉信息检索技术，使师生对图书馆服务产生归属感。这两种方式都对图书馆信息服务的全面发展起到积极的促进作用。从微观角度讲，还需要进行以下几方面的用户培训：①智慧型数据资源的培训。该类培训目的是使用户了解资源的专业特性和学科属性；②信息服务的内容与范畴，使用户区别了解各类信息服务的内容与范围；③信息服务需求的反馈培训。该类培训主要是培养用户如何正确找到所需信息的服务部门并向其提出明确的服务需求，同时使其能够具备潜在信息需求解决方案的思维和方法。高校图书馆是高校信息素养教育的重镇，加强用户的信息素养教育是智慧图书馆发展中不可推卸的责任和义务。

发散现有信息检索服务方式。高校图书馆信息检索服务缺乏发散性，造成这一问题的根本原因还在于图书馆信息技术的相对滞后。智慧化时代，信息技术、网络技术、人工智能技术等的飞速发展给图书馆信息服务带来了全新的挑战，图书馆必须契合时代背景，为用户提供发散性的服务。①必须实现全面智能化信息服务，自助服务、智能服务需不断更新升级。如清华大学、南京大学等高校图书馆配合 RFID 设计的智能搜索机器人等，这对用户而言使获取信息更加便捷，更加迅速，更有利于信息资源的管理、流通和传递。②拓展和夯实移动服务效果。智慧化时代，各类智能移动终端不断升级优化，在线教育和网络教育已成为当下互联网发展的主要趋势。移动终端是图书馆现在甚至未来很长一段时间的主流平台，图书馆应大力拓展基于移动网络的在线咨询和在线教育，进一步发散图书馆信息检索服务模式。

拓展信息检索服务内涵与外延。智慧化时代，高校图书馆的用户范围不局限于校内，社会用户与网络用户亦成为高校图书馆服务的重要对象，相应地，服务环节、服务内容和服务设施亦应当进行全面的拓展。故而，图书馆在具体的服务转型中要转变对社会用户的服务思想，提升社会用户与校内用户的同等服务地位，与此同时，要进一步夯实服务内涵，拓展网络在线服务和虚拟社区服务，提升服务能力和服务手段，真正实现高校智慧图书馆信息检索服务的多元化发展。此外，智慧时代，高校图书馆的信息检索服务必然受到社会信息服务机构的冲击，在服务效果方面不断被社会信息服务所削弱，为此需多方协作，积极筹建校图书馆的知识力量，一方面积极吸纳社会学者和具有相应研究能力、知识处理能力的个体或组织以弥补图书馆自身服务力量不足的现状；另一方面限于图书馆所在资金来源上主要以正式出版的资源为主，在一定程度上缺乏前瞻性和预测性的资源支撑，可通过联合社会力量为用户提供个性化、前瞻性的信息服务。

智能化是当前乃至今后一段时期内高校智慧图书馆发展建设的重要内容，信息检索作为高校图书馆的主要业务之一，其涵盖学科服务、知识服务、决策咨询服务等，智慧时代，随着各种高新智能设备的出现，通过利用其智能性模拟人脑思维方式对纷繁复杂的信息进行有针对性的收集、存储、检索匹配和推理整理，有效地帮助用户解决日常所需，极大地提高了信息构建的效率和信息检索的质量，进而通过树立自主服务理念和社会服务意识、强化信息资源整合和馆员队伍建设、加强用户信息素养教育、发散信息检索服务方式和拓展信息检索服务内涵与外延等，方能真正实现高校智慧图书馆信息检索服务在新时代的转型发展。

第三节 基于媒体融合的高校图书馆智慧服务体系

将媒体融合背景下的新服务理念、新技术环境、新经营模式有序地引入高校图书馆智慧服务体系当中，是当前图书馆界的研究重点。分析媒体融合、高校图书馆智慧服务的内涵及相关影响，探讨媒体融合环境下高校图书馆智慧服务体系建设的基本层次，提出媒体融合环境下高校图书馆智慧服务体系建设的对策，以期能够为高校图书馆建设智慧服务体系提供参考。

随着新媒体技术的不断革新，传统媒体与新媒体的大规模融合并应用于服务行业的发展已经成为时代的必然趋势。近年来，国内高校图书馆加快了智慧服务体系的建设步伐，并逐步实现了与各个媒体渠道的融合发展。然而从实际效果来看，诸多媒体融合背景下的新理念、新技术并未得到充分的应用。在高校图书馆智慧服务体系当中，仍然有不少业务工作停留在单一媒体处理阶段，从而使用户的多元化服务诉求无法根本性地予以解决。因此，如何正确看待媒体融合与高校图书馆智慧服务体系的关系，并将媒体融合背景下的新服务理念、新技术环境、新经营模式有序地引入高校图书馆智慧服务体系中，应当为高校图书馆充分重视，并积极进行探索。

一、媒体融合与智慧服务

媒体融合的内涵。"媒体融合"技术源于数字化技术和移动互联网技术。这两项技术的共同运用，使得信息传播的成本大幅度减少：一方面，数字化技术使得文字、图片、声音、影像等传统媒体内容的传输承载力进一步提升；另一方面，移动互联网技术不仅提高了信息传输的效率，而且使得用户可以随时随地接收到数字化信息。从本质上来讲，"媒体融合"主要是传统媒体与新媒体在传播渠道、传播内容以及传播方式上的有序融合。其中，传统媒体主要包括报纸、图书、无线电台以及有线电视等大众常见的媒体形式；新媒体主要包括便携式笔记本电脑、智能手机、平板电脑以及数字模拟电视等。通过"媒体融合"的发展，传统媒体供给主体和新媒体供给主体在资源方面进一步达到了共享共用的效果，同时衍生发展出新形式的信息产品，然后通过互联网渠道传递给不同的用户。"媒体融合"作为信息时代深度发展下的一项全新理念，将会随着技术的全面进步在内涵和外延方面取得新的突破，未来"媒体融合"不仅会在技术融合方面取得创新，而且会极大地推动信息经营方式的融合发展。

高校图书馆智慧服务，高校图书馆服务发展的沿革已经历了传统文献服务、信息化服务、知识服务阶段，目前正处于知识服务向智慧化服务的转型发展时期。发展的重点由当下高校图书馆知识服务中所实施的知识检索、知识传递与知识共享等服务内容，逐步向知识服务目标下的知识重组、知识创新、知识价值挖掘以及知识生产力开发运用等服务内容过渡。高校图书馆智慧服务形成的路径，依托的重点在于技术与专业服务人才方面。其中，技术主要是指源自计算机技术和互联网技术的大数据、云计算、RFID 物联网系统等新型技术形式，而专业化服务人才则是能够结合用户的多元化、个性化需求，来为用户提供形式多样的知识创新与应用服务。由此可见，高校图书馆智慧服务是能够在现有的图书馆知识资源基础上灵活地进行创新创造式服务，其目标在于通过对原有知识资源的再加工，来促进新知识的产生以及增值化应用。

二、媒体融合对高校图书馆智慧服务体系的影响

随着高校图书馆智慧服务的逐步形成和发展，越来越多的智慧化服务技术被应用于高校图书馆的业务领域当中。其中，如何通过智慧化服务使用户享受到更加快捷、便利、增值的服务已成为媒体融合背景下高校图书馆智慧服务体系搭建的重点方向。相对于当前的高校图书馆知识服务体系，逐步形成的智慧服务体系更侧重于从服务效率和服务增值两方面来进一步满足用户的多元化、个性化需求。与此同时，传统媒体与新媒体的深度融合，也深刻地影响到了图书馆智慧服务体系的形成，其影响主要包括以下三方面。

媒体融合对高校图书馆信息资源建设的影响。高校图书馆智慧服务体系所依托的技术基础与媒体融合所依托的技术基础基本相同，即数字化技术和移动互联网技术。这就意味着媒体融合技术环境的改变和发展，必将会波及高校图书馆智慧服务体系的形成。当前，媒体融合的范围已进一步突破了时间和空间的限制，高校图书馆移动智能终端用户的数量

急剧攀升，已突破了单一媒体的服务能力，同时用户的知识服务诉求也呈现出了碎片化、即时化的特征。为了充分适应用户知识服务的诉求，高校图书馆首先需要做到的就是实现数字化信息资源库负载能力的量级扩充，使得用户知识服务的基础供给能力得到显著增强。在此基础之上，还要进一步加大大数据、云计算等先进数字化信息分析技术的运用，只有这样才能进一步提高知识服务的效率，使得碎片化的知识信息原始数据以整体式、合理化的形式呈现于用户面前。

媒体融合对高校图书馆用户服务能力的影响。尽管当前高校图书馆通过建立数字化图书馆服务平台，推动了即时服务、网络社交在部分知识服务领域的应用，用户的个性化体验也得到了一定程度的满足。但从整体情况来看，双向互动化服务并未充分拓展至智慧服务体系目标下的新兴服务领域。因此，高校图书馆有必要借助媒体融合的环境优势，来实现智慧服务目标下互动化服务的全方位覆盖。从发展动向来看，高校图书馆需要努力探索用户通过移动新媒体设备与图书馆进行知识创新、知识价值挖掘以及知识生产力开发运用等领域互动的路径，并以此来推动高校图书馆智慧服务体系框架的形成。

媒体融合对高校图书馆员综合能力的影响。随着媒体融合背景下高校图书馆智慧服务体系的逐步形成与运用，越来越多的知识服务途径将被智慧化、复合媒体的技术系统所代替，传统人工式的知识服务模式将进一步减少，馆员的综合服务能力素养也必须适时进行转型升级。更多情况下，馆员必须具备一定的技术背景以及新媒体运营管理经验，才能充分胜任智慧服务体系下图书馆的岗位职责要求。一方面，馆员需要充分掌握并熟练运用大数据、云计算等先进数字化信息分析技术；另一方面，馆员还需要全面提升媒体融合环境下与用户进行互动服务的基础素养。

三、媒体融合环境下智慧服务体系建设的基本层次

媒体融合环境下高校图书馆智慧服务体系建设总体上可分为"在线服务""专业服务"以及"协同服务"3个层面。

(一)在线服务层面

社交网络。随着智能手机的逐步普及，微信、微博、QQ以及在线论坛等新媒体媒介被高校图书馆所充分重视，并应用于与读者的互动、社交活动当中。无论是微信公众号、微博公众号，抑或QQ群、在线论坛，都可以通过文字、音频、视频以及图片等多种形式，来为读者提供相关内容的推送。目前这些社交媒介载体都能够有效地对读者的偏好、需求进行统计，并通过高校图书馆的云储存系统进行贮存，形成大数据分析的原始数据，从而为下一步进行读者个性化需求推送奠定基础。

个人数字化图书馆。个人数字化图书馆功能目前已在大部分高校图书馆在线服务平台中实现，并将随着媒体融合环境下高校图书馆智慧服务体系的逐步完善而不断实现功能的深化与拓展。就其当前主体功能来看，用户可以自由地对自己需要收藏的数字文献资源进行整理、编目以及在线编辑，同时也可以对文献或信息进行转载和评论，从而充分满足自身体验的需求。

(二)专业服务层面

信息集成服务。实现信息资源的有序集成是高校图书馆开展知识服务的前提与基础。随着媒体融合环境下高校图书馆智慧服务体系的逐步建立，高校图书馆进一步加大了信息集成服务深层次拓展的力度，多媒体信息个性化需求整理、隐性知识挖掘等服务内容已在部分高校图书馆中开展。

学科服务。当前高校图书馆的用户主体是在校师生，从其需求的主要

方向来看，学科服务依然是重点。从实践情况来看，以嵌入化学科服务为主要方式，打造专业化的学科服务馆员团队、强化学科导航系统建设以及推动学科服务评价体系的形成，是媒体融合环境下高校图书馆学科服务建设的主要方向。

（三）协同服务层面

媒体融合背景下，图书馆用户多元化、个性化需求特征越发明显，单一的高校图书馆已无法依托自身馆藏资源和服务内容来完全满足其用户的需求，构建以资源共建共享为主导方向的协同服务联盟，已成为高校图书智慧服务体系发展完善的必然趋势。通过图书馆联盟的建立，构成智慧服务主体的参考咨询服务以及文献传递服务可以实现更为高效化、个性化的发展。同时，资源采购、联合编目、合作交流等智慧服务内容也可以通过图书馆联盟有序地推进。

四、媒体融合环境下智慧服务体系建设的对策

加强数字馆藏资源建设，提高智慧服务体系基础性供给能力。数字馆藏资源是高校图书馆建设智慧服务体系的基础。因此，高校图书馆的数字馆藏资源建设必须以适应智慧服务体系为出发点，加大对馆藏数字资源的创新式管理力度，进一步对馆藏资源的归类整合进行优化管理，既要能够显示出本馆的特色优势资源，又要能够充分适应区域内的知识服务主体用户的全方位需求。同时，高校图书馆应当以满足用户体验为基本导向，建立专门供智慧化服务平台使用的专项知识服务馆藏资源库，其内容也应当充分适应用户通过移动新媒体设备与图书馆进行知识创新、知识价值挖掘以及知识生产力开发运用的服务要求，这同样是媒体融合与智慧服务体系结合的基本途径。此外，馆藏资源的建设还必须依据学

科发展状况、信息应用技术的变化及时进行调整，从而在媒体融合和技术变革环境下，满足多层次知识服务主体的个性化需求。

加快移动终端 APP 的开发，促进与用户的互动化交流与服务。媒体融合环境下，如何通过开发和推广移动终端 APP 软件来吸引各类用户群体，已成为各行业开展智慧化服务体系建设的热点。高校图书馆作为文化智慧服务体系建设的重点职能部门，也应当抢占先机，通过自主研发或合作研发等多种形式，来面向用户开放和推广具备智慧服务功能的移动图书馆 APP 软件，以此来促进媒体融合环境下高校图书馆智慧服务体系的深化发展。当前高校移动图书馆 APP 软件的建设重点有 3 个方向：一是最大限度地实现图书馆数字资源库与移动图书馆 APP 软件检索功能的无缝衔接，使更多的数字资源能被 APP 检索和阅读；二是要尽可能地在 APP 软件中实现高端知识服务功能，当前大部分高校移动图书馆 APP 软件知识服务功能仅停留在知识检索、知识咨询、知识传递层面，知识创新、知识价值挖掘等服务还未能充分实现；三是可以在移动图书馆 APP 软件中开通知识社交功能，从而实现用户与用户、用户与专家、用户与馆员之间关于知识创新领域的互动交流。

以实现业务融合为方向，推动组织机构和业务内容的重组。随着媒体融合环境下技术革新速度的逐步加速，高校图书馆智慧化服务体系建设必须适度对组织机构和业务内容进行重组，才能充分适应技术融合的基本要求。一方面，高校图书馆要转变以往以馆藏编目、信息推送为主体的知识服务组织框架结构，通过技术的不断融合来使知识资源开发利用组织框架结构逐步形成，从而满足媒体融合环境下图书馆知识服务用户的多元化需求；另一方面，高校图书馆智慧化服务体系下知识服务方向的转变，也要求高校图书馆对知识服务供给能力进行优化升级，这不仅需要高校图书馆围绕大数据、云计算、RFID 物联网系统等新型技术进行设施设备的优化升级，而且要致力于打造一支能够熟练应用上述技术进行知识服务的专业化馆员团队。

构建区域高校图书馆智慧服务联盟，实现资源与服务的共享共用。在媒体融合环境下，图书馆智慧服务体系必须以数字化资源、技术设施设备以及专业化馆员服务团队三大基础为依托才能有序地形成。然而从现实情况来看，除部分实力雄厚的高校可以单独支撑图书馆智慧服务体系建设外，国内大部分高校图书馆并不具备单独建设服务职能齐全的智慧服务体系。因此，一定区域内的诸多高校图书馆必须走向联盟式的道路，通过实现资源与服务的共享共用，才能真正构建起服务职能齐全的智慧服务体系。就区域高校图书馆智慧服务联盟构建而言，一是要注重实现数字化文献资源的共享共用，特别是特色型资源的共享共用；二是可以通过打造共同的媒体融合网络服务平台，来实现信息传递环节的共同合作；三是要实现专业化馆员服务团队之间的相互配合协作，提升面向高端用户的知识服务合作化供给能力。除此以外，还可以考虑在联盟框架之外，与一些软件开发公司、社交学习网站、移动运营商展开合作，实现部分服务业务的市场化操作，从而拓展图书馆智慧服务的用户范围。

高校图书馆智慧服务作为一个动态化体系，只有与时俱进地融合新的发展理念、新的技术理念才能促进体系的不断完善与发展。未来，随着人工智能、5G 网络、区块链、万物互联等技术的成熟及媒体融合的不断深入，新的媒体传播途径与技术服务途径将进一步突破，必将改变高校图书馆的传统动作模式，对高校图书馆智慧化服务产生深远的影响。高校图书馆应紧抓这一机遇，进一步将媒体融合环境下的各类元素融入智慧服务体系的各个环节当中，更好地为师生服务。

第四节　高校图书馆空间再造与智慧服务融合

高校图书馆的空间再造与智慧服务都是在用户日益凸显的个性化服务需求和数字服务需求下的适应性发展，通常情况下，图书馆的智慧服务与空间再造之间的联系被忽略，造成了其融合研究出现了创新不足、未充分研究用户共同需求等问题。本节通过对高校图书馆空间再造和智慧服务的融合研究，指出物理空间的智慧延展、虚拟空间再造、创新空间服务和图书馆智慧空间再造的融合策略，以期为相关研究提供理论参考。

高校图书馆空间服务是基于现有空间使用的障碍或缺陷而进行的有针对性的空间功能、服务、布局甚至是场景的变革，是对用户需求的适应性体现和创新发展，以及对高校图书馆未来空间架构和服务功能的战略规划的结果。而智慧服务最早因 2008 年 BIM "智慧地球"项目被社会所熟知并广泛传播，随后在社会各个领域得到迅速发展。图书馆领域也是智慧化服务重点关注的领域，且随着近年来 RFID、机器人以及各种智能空间服务的开发而得以在高校图书馆领域运用，改善了图书馆的服务方式。

在数字技术、网络技术、智能技术的不断融合应用下，高校图书馆的空间服务和智慧服务逐渐融合，智慧空间、智慧图书馆、多元空间的理论研究与实践正在引领高校图书馆的空间服务朝着更加人性化、智能化、多元化的方向发展，使高校图书馆更好地融入社会信息服务和空间服务环境，以多种角度实现高校图书馆的社会价值。

一、高校图书馆的空间再造

物理空间再造。图书馆空间再造的重点之一就是对物理空间的再造，当前部分学者指出，图书馆的物理空间再造除了要保证空间功能的多元化特点外，还需要注重保留图书馆再造空间的物理延展性。我国高校图书馆数量众多，加上各地的地方文化、建筑特点各有不同，使得我国高校图书馆物理空间存在着较大的差异，如有些高校图书馆注重空间的美学价值展现，而有些高校图书馆注重空间的实际使用价值和延展性，这些因素都是图书馆空间再造中需要重点考虑的因素。因此，如何实现物理空间再造需要充分结合高校图书馆现有需求和战略发展需求，以读者的需求变化为依托进行综合考量。

文化空间再造。高校图书馆的空间除了满足文献藏借阅的基础服务功能外，文化功能展现与文化审美观传承也是其重要功能。早期，高校图书馆对文化空间的再造主要依靠文化饰品（字画、地方特色艺术品、墙画等）来展现。进入大数据时代，高校图书馆的文化空间再造除了要满足图书馆服务定位、价值定位、地方文化定位等要求外，还应当满足用户休闲、娱乐等多种图书馆第三空间的功能服务需求。将高校图书馆空间再造从单一的文化展现功能中脱离出来，进而表现出高校图书馆空间的多元服务功能。

服务场景再造。高校图书馆服务场景再造是对现有图书馆空间服务功能的重新打造，既包括实现图书馆空间功能的服务流程、服务环境打造，也包括对服务所涉及的空间场景、视听场景的综合打造，为用户提供舒适、恬静的空间体验。同时对图书馆服务场景的设置应当打破图书馆传统的物理空间界限，主动到用户所在的非图书馆空间进行图书馆延伸服务空间的设置，在提升高校图书馆曝光率和受关注度的同时，打破高校图书馆物理空间布局限制，打造符合用户需求且受用户认可的图书馆服务场景。

二、高校图书馆智慧服务存在的问题

区域性技术创新差异大。对云服务、RFID、虚拟服务等智慧服务主要发展方向而言，当前国内高校图书馆的智慧服务还存在着明显的区域性技术创新差异较大的问题。产生这一问题的原因主要是由于智慧服务需要依赖相应的软硬件技术、智能识别技术和物理设施设备的支持，同时需要涉及大量的现有环境、设备、人员培养所需的资金支撑，总体上表现为东部和沿海地区的应用实施较西部内陆地区要高。西部内陆地区在资金方面长年得不到有效支持，使得其智慧服务往往仅限于移动服务等少数领域。

RFID 硬件服务发展较慢。当前大多数智慧服务都主要基于移动服务、云服务以及在线虚拟咨询服务等领域，与 RFID 等硬件设备关联较大的智慧服务的开发和运用还相对较少，这使得以硬件服务为基础的部分智慧服务发展较为缓慢。其原因主要在于当前移动图书馆等软件开发应用服务的成本相对较低，且图书馆的项目实施应用在移动服务等方面不涉及基础设施条件改善与重建，相对降低了高校图书馆的资金压力；而以 RFID 为主的智慧服务需要对基础服务设施（图书、门禁、借还设备等）进行系列改建与整合，对图书馆的资金压力较大，所以应用实践也相对较少。

重应用轻开发现象明显。高校图书馆的智慧化服务是一个需要长期协调改进并不断完善的服务项目，是需要在高校图书馆持续的用户调研和使用反馈基础上建立起来的良性的用户交互体系。但就现有的高校图书馆智慧化服务而言，大多数图书馆都存在着重应用轻开发的现象，大多数图书馆都主要依托业务外包等形式实现智慧服务，造成了对相关智慧服务的后期运维和开发基本处于缺失状态。

三、空间再造与智慧服务融合存在的问题

融合创新不足，缺乏自主思考和创新能力。高校图书馆空间再造与智慧服务的融合往往是功能的简单叠加，在创新融合的深度和广度上还相对不足，需要进一步加强。大多数高校图书馆将空间再造和智慧服务作为图书馆的两项事务来开展，空间再造和智慧服务在用户需求上的功能交叠并未在高校图书馆的相关业务中体现。具体而言，可以将基于 RFID 的智慧化改造与空间功能、服务功能重构融合，在改善用户的馆内利用空间现状和物流、用户流、工作流的智慧控制相融合，也可以将移动服务与图书馆虚拟空间、创客空间建设相融合，这些都属于可融合的范畴。

对用户功能需求的交叠研究还需进一步加强。用户的需求不仅表现在对图书馆物理服务空间的舒适性、安全性和体验感的要求上，还表现在对多元功能的交叠重合的满足上。具体而言，用户既需要图书馆提供恬静、闲适的物理空间，也需要图书馆在该物理空间中实现 Wi-Fi、移动接入、虚拟学习、协作研究等多种功能，所以除了现有的研修间、研讨室的功能外，高校图书馆的空间再造也可以打造基于智慧服务的虚拟研讨空间，满足不同用户的空间和智慧服务需求。

对现有实例的分析吸收还不足。在互联网环境下，优质案例一般会得到广泛宣传与迅速传播，进而形成一系列的类似建设，在空间再造和智慧服务方面，这种现象也较为常见。但由于各地地域文化、高校图书馆特有价值体系、认同感等方面的不同，相应的照搬行为并不能体现案例

的技术革新和理念创新对图书馆服务的转型和促进。以 RFID 为例，大多数高校图书馆也仅仅实现了在服务方式、用户操作方式的转变而并未实现进一步的自创和发展，所以当前对于智慧服务和空间再造还存在着对现有实例分析、吸收不足的状况。

四、空间再造与智慧服务融合策略研究

从空间服务的发展历程上看，高校图书馆经历了从藏阅空间到藏阅休闲服务空间多元转变，实现的不仅是空间结构的改造，同时也实现了服务模式的转变和与读者的交流共融。在智慧服务方面，高校图书馆经历了从文献服务、信息服务、知识服务等早期的信息服务阶段，再到知识服务并向智慧服务转化的历程。而对于两者的融合研究，其内涵是建立在将高校图书馆空间进行智慧化、功能化升级的基础上，使用户身在图书馆却不受图书馆空间、技术的限制，进一步提升用户的使用体验，推动高校图书馆信息、知识服务的再现、凝练与发展。具体而言，两者的融合可以从以下几个角度入手。

物理空间再造的智慧延展。部分高校图书馆的空间再造都将打造特色空间、文化空间作为构建物理空间结构的基础，在一定程度上限制了图书馆空间的延展性，所以可以结合智慧服务手段，在物理空间购置的基础上提升高校图书馆空间的延展性。具体可以爱丁堡大学的数据服务整合项目为例：该馆在旧馆改造过程中，注重将现代信息服务融合到已有的馆舍空间改造中，通过服务集成和空间再造，将该校内外有关数据服务、数据管理、数据素养教育的机构和服务 [具体包括爱丁堡并行计算中心（Edinburgh Parallel Computing Centre，EPCC）、软件可持续性研究所（the Software Sustainability Institute，SSI）、数字内容管理中心（the

Digital Curation Centre，DCC）、EDINA 数字中心和爱丁堡图书馆信息服务（Information Service，IS)]5 方面的内容进行了有效整合并安置到了其位于阿盖尔的研究区域，这既是对图书馆现有空间再造的适应性延展，也是将智慧服务与图书馆空间再造有效结合的典型案例。对于国内图书馆而言，也可以通过在空间再造的过程中充分吸取相关单位、智慧服务机构的意见，综合提升图书馆改造空间的知识服务与智慧服务能力，实现高校图书馆物理空间再造的有效延展。

虚拟空间再造与智慧服务的融合。高校图书馆的空间再造不仅包含实体物理空间的再造，也包括虚拟空间的打造，高校图书馆应借助现有的实体物理空间环境条件，打造能够实现用户协同研究、协同创新的虚拟空间。所以，这一方面与图书馆的智慧服务有一定的共通点，即实现高校图书馆的智慧空间网络，部分高校图书馆通过打造在线虚拟图书馆空间，将图书馆的服务、资源在虚拟空间中得以再现；同时在虚拟空间中实现资源服务与在线咨询，使用户在网络环境下也能感受到高校图书馆的服务与文化价值。

创新空间与智慧服务的融合。高校图书馆的空间再造还涉及特殊空间的打造，如创客空间、知识共享空间、学习空间等空间功能的打造。但是目前国内的创客空间也出现了一些问题，如仿造者、追随者众多，但创新程度不足，具体表现为全国各地创客空间、创客协会众多，但真正在图书馆引导下做出成绩、取得效果的并不多。部分孵化器仅仅打着"助力双创"的旗号从政府手里占得建筑用地，但实质上无法产生有效的收益或者产出。所以，高校图书馆的空间再造创新，应充分走出传统的空间服务与读者服务的范畴，在社会服务层面进行融合，如通过创客空间来实现社会读者的教育或是将社会读者的意见纳入高校图书馆空间再造的创新功能设计，等等。

打造图书馆智慧空间。高校图书馆的智慧空间是对图书馆现有知识、信息的重组和整合，是在高校图书馆服务功能重组后实现的图书馆空间的知识立体化空间服务平台。从技术构成上，高校图书馆智慧空间需要依托图书馆现有的物理空间条件或是对原有的空间布局进行整合再造，再依托当前先进的技术设备从现实社会中收集数据并进行分析形成信息，同时结合网络信息抓取程序对互联网抓取的信息进行整合，统一形成知识单元或信息单元的形式。所以，打造智慧空间首先需要涉及对原有空间的物理条件（空间现状、设施设备空间、人员活动空间、交流空间等）进行综合评估，并依据高校图书馆的服务规划构建各类空间功能（知识存储空间、学习空间、虚拟学习空间）等，在满足读者基本需求的基础上，实现如馆舍、文献、计算机、馆员和服务对象等的畅通交流，同时实现各关系链（物与人、人与技、实与虚、主体与客体、局部与整体）的有效融合共通。

目前，针对空间再造和智慧服务融合的研究还处于摸索阶段，高校图书馆空间再造以及智慧服务的实施会受到资金、技术、人力以及社会现实观念的影响，相关的研究尚无广泛的实例可供借鉴。将空间再造和智慧服务融合既是对高校图书馆现有服务能力和服务需求的有效整合，也是高校图书馆转型发展和稳步实现社会价值的重要渠道，急需在图书馆的实践研究中进一步深入扩大，在实现以人为本的服务理念的同时，体现高校图书馆的更好、更具有价值的发展思路。

第五节　新媒体背景下高校图书馆智慧服务管理

在当今高校图书馆的智慧服务体系中，开始有序地融入越来越多的新媒体技术，比如说，新的经营理念模式、新的服务形式、新的技术要求，这些是当前高校图书馆的主要研究方向。要研究新背景下图书馆智慧服务策略，就要仔细分析新媒体等技术的融合对当今高校图书馆智慧服务体系的影响，深刻了解智慧图书馆带来的独特服务感受，并切合实际提出如何建设新媒体融入后的高校图书馆服务体系。希望本节可以为高校图书馆建立智慧服务体系提供帮助。

随着时代的发展，新媒体技术也在持续不断的进步中，由此产生一个必然的趋势，那就是将传统的媒体技术和新媒体技术大范围地融合，并应用到各种服务行业当中。近些年来，新媒体技术也逐渐应用到高校的教育体系中，现在各大高校的图书馆也都在致力于建设新媒体智慧服务体系。但从实际成效来看，许多在新媒体融入背景下发展起来的新技术都没有得到充分利用，并且在很多高校图书馆的服务体系中，都还存在很多业务发展一直停滞在单一媒体阶段，这样就无法满足用户对多元服务的需求。所以，将新媒体合理融入高校图书馆的智慧服务体系中，是十分重要也是十分必要的，应该引起各大高校图书馆的重视并努力实现。

一、媒体融合与智慧服务

新媒体融合概念。"新媒体融合"技术其本质是数字化技术和移动互联网技术的相互结合。它们互相结合，共同应用，可以大幅度降低信息传播的成本，那如何降低成本的呢？其一，数字化技术可以让文字、声音、图画、影视等传统的媒体内容提高在传播时的承载能力。其二，移动互联网技术不但能让用户无论何时何地都能收到准确的数字化信息，还可以提高信息传播效率，可谓是一举两得。从根源上分析，媒体融合就是将传统的媒体和新式媒体在技术上、内容上进行合理的互相融合。在媒体融合的过程中，传统的媒体方式主要是提供传播的主体和新式媒体提供的主体进行资源上的共享，并且在这个过程中设计出具有新形式的媒体产品，随后利用互联网将其传播给不同的媒体用户，"媒体融合"是当下信息发展迅速的情况下所产生的一种全新的理论，它将会同科技的进步在很多不同的领域中取得更多的发展与突破。

图书馆智慧服务特征。对于物联网所融合的智慧图书馆，使图书馆的建筑风格、资源设备、服务技术等多种元素互相结合链接，就形成了物联网，达成了多种元素都融合智慧化的结果，例如，设备智慧化、服务智慧化等，以上这些元素都体现了服务至上，以人为本的服务理念。所谓智慧图书馆，其智慧主要体现在智慧的图书馆服务人员、图书馆内高科技的设备以及图书馆本身所具备的多元化的图书资源、信息资源等。这些高科技服务手段可以提供给用户随处可见，多种多样的知识需求以及良好的创新服务。简而言之，智慧服务就是要结合知识作为基础，技术作为依靠，用户需求作为发展方向，创新创作作为最终目标来保证让用户和创造者都满意的服务水准。

现代智慧图书馆的智慧服务体系，相比传统的数字图书馆来说，其具有更加突出的智慧服务特点，例如，在服务过程中能让用户体会到更强烈的虚拟效果，服务人员把枯燥的图书文字资源转化成为虚拟的无障碍图书资源总体；让用户在体验过程中更加具有主动性，服务人员会根据用户的兴趣爱好和自身需求向用户提供最为准确适宜的图书资源,让用户更加满意;提供更加有个性,更加独特的服务,让用户在学习时享受其中,服务人员把信息有针对性地提供给用户,让他们得到最需要的服务体验。

二、高校图书馆智慧服务的主要内容

为专业学习和教学研究提供服务。智慧图书馆是以人为最主要因素,以科学技术、信息传递作为基础发展起来的,智慧服务是它所发挥的主要功能。智慧图书馆可以参与讲学与学习的过程,其可以通过虚拟信息的传递将上课的过程记录下来并进行仔细分析整理,可以为师生提供比较详尽的学习资料以备后用;新媒体的融入可以创造出智慧课堂,利用高科技技术进行创新式学习,让学生学习兴趣更加浓厚,情景交融的学习可以让课堂效率更高;可以综合学校的科教资源,对学校的重点发展学科进行分析,对学生和教师的具体情况进行分析比较,这样可以提高学生对知识的吸收程度,图书馆工作人员利用新媒体技术将学科的研究重点问题收集起来,并进行分类处理,这样既可以预判学科的发展动向,也有助于加深各个学科研究的深度和广度;智慧图书馆可以参与教学成效的评估,基于物联网,利用大数据及云计算等技术,智慧图书馆专业人员可将各学科的教学成效进行客观评价并跟踪。

为科学研究提供服务。一方面,为参与重大课题项目的科研型读者提供知识导航。所谓知识导航,是指从各种显性和隐性的信息资源中利用馆藏文献和设备,对相关书刊进行搜寻、评价、解答疑问的过程。同时,智能图书馆不能仅仅满足于提供借阅性服务,而应该采取全程化、一条龙式的服务,为他们从事课题项目研究提供专题资料、信息推介、课题查新等定制跟踪式服务，促使他们节省时间，早出成果、多出成果。

三、新媒体融合背景下的高校图书馆智慧服务体系

媒体融合对高校图书馆智慧服务体系的影响。现如今高校智慧图书馆的建设都突飞猛进，越来越多的高科技手段被应用到现代图书馆的服务体系当中，新媒体的融合更是给高校图书馆带来不可缺少的优势和发展前景。首先，新媒体的融合使高校的图书馆在数字信息方面的建设问题得到改善，让资源得到整合和最大程度地利用起来；其次，新媒体融合可以建立起个人的数字化的图书馆，方便人们自主选择自己需要的信息知识；同时，新媒体技术也应用在服务体系的层面中，用嵌入化的方式将服务发挥到极致，让越来越多的人受益其中。

对高校图书馆信息资源建设的影响。高校图书馆智慧服务体系所依托的技术基础与媒体融合所依托的技术基础基本相同，即数字化技术和移动互联网技术。这就意味着媒体融合技术环境的改变和发展，必将会波及高校图书馆智慧服务体系的形成。

对高校图书馆用户服务能力的影响。尽管当前高校图书馆通过建立数字化图书馆服务平台，推动了即时服务、网络社交在部分知识服务领域的应用，用户的个性化体验也得到了一定程度的满足。高校图书馆有必要借助媒体融合的环境优势，来实现智慧服务目标下互动化服务的全方位覆盖。从发展动向来看，高校图书馆需要努力探索用户通过移动新媒体设备与图书馆进行知识创新。

对高校图书馆员综合能力的影响。传统人工式的知识服务模式将进一步减少，馆员的综合服务能力素养也必须适时进行转型升级。更多情况下，馆员必须具备一定的技术背景以及新媒体运营管理经验，才能充分

胜任智慧服务体系下图书馆的岗位职责要求。

媒体融合环境下高校图书馆智慧服务体系建设的对策。

加强数字馆藏资源建设。加强有关数字馆藏的建设,这是各大高校建设智慧型图书馆服务体系的基本要求。所以高校图书馆在加强馆藏资源建设的过程中一定要适应新媒体融合的智慧服务体系,提高图书馆数字馆藏资源的创新性发展管理,并且注重对数字馆藏资源进行具体的分类和整合管理系统,在发展过程中不但要让用户们感受到前所未有的独特性服务,而且要充分突出图书馆的知识类服务体系可以满足广大用户的要求。与此同时,高校图书馆发展的主体方向应该要让用户更加满足于服务体验,并建立起专门的数字馆藏资源共享平台来供给用户使用智慧图书馆,馆藏资源库中的内容也应该充分满足广大用户利用一些移动的新媒体设备和技术来合理使用图书馆并进行创新性发展,例如,深度挖掘知识的价值,发展知识的创新等,同时要满足知识发展所带来的生产力提高的需求,这也是将新媒体技术融入高校图书馆并发展利用的途径之一。除此之外,还应根据当前各个学科的发展变化过程以及信息应用的技术进步来进行适当的调整,以便满足读者各个层次的个性化智慧服务。

加快移动终端 APP 的开发。当前,各行业在发展自身智慧型服务体系建设的热点问题,就是关于在新媒体技术融合发展的大环境下,怎样才能通过开发和发展自身的移动终端手机软件 APP 来吸引各种用户人群。目前,高校移动图书馆学习软件有三个重点发展方向:第一,让实体图书馆的数字馆藏资源库和移动 APP 中的检索功能进行最大程度上的衔接,方便用户在使用移动图书馆时能检索并阅读到更多的数字资源。第二,目前大多数的移动图书馆软件功能还都仅仅停留在基础的知识检索以及知识问答等功能，所以在软件中实现高端的服务功能是必不可少的，软件的发展创新能力还有待提高。第三，可以在移动图书馆软件中开发出社交活动的功能。这样就可以增加用户和用户、用户和创作者等关系中的交流，也方便知识资源的整合与进步。

推动组织机构和业务内容的重组。一方面，高校的图书馆要摆脱原来传统以馆藏图书的编制码和信息的推送方式为主体的知识服务层析体系，必须要通过技术的持续融合让学习资源得到最大程度的利用，形成多元化的知识利用体系并且来满足用户的多方面需求。另一方面，各大高校的智慧型图书馆服务体系的主体服务方向也在逐渐发生变化，也要求高校图书馆的知识的供给能力和服务的提供水平要不断创新提高，这样要求的实现离不开现如今大数据的采集运用、云端服务器等高新技术的融合，高校一定要致力于发展一批可以熟练使用各种新型技术的图书馆服务人员，让用户得到更完美的体验。

构建区域高校图书馆智慧服务联盟。在新媒体融合的大社会环境中，数字化的图书资源、高新科技设施和设备以及进行专业化培训过的服务团体作为现如今高校图书馆智慧服务体系的三大发展支柱，它们互相协调发展让智慧图书馆具备成功有序的发展前景。但是从我国现实情况来看，除了一些有高度经济和技术实力的高校条件允许独立建设图书馆智慧服务体系外，在国内的大部分高校的图书馆都没有实力来单独建设一套完善的具有知识资源和服务体系的智慧型图书馆。由此可知，在建设图书馆时走联合发展智慧型图书馆的道路是十分必要的，充分整合利用各高校的优势资源，勾勒出具有高度服务职能智慧服务体系的蓝图。对于一定范围内各高校图书馆智慧服务进行联盟构建，首先要重视各个数字馆藏资源库的共享，尤其是将有特色的资源进行分享；其次可以通过创造区域内共用的新媒体网络平台，进行全面的在信息传导环节的合作；最后，也是最重要的，就是要让进行过专业化培训的图书馆员互相配合及协作，提高图书馆面向各类读者个性化需求的供给水平。除了上述措施之外，各高校还可以考虑在构建好联盟的基本服务框架之外，和一些开发软件的企业、社交网站、学习资讯网站等团体开展合作活动，从而实现更加完善的面向市场化模式的服务操作，以便扩大使用智慧型图书馆的用户范围。

在高校逐渐发展起来的图书馆智慧服务可以被称作是一个有动态特点的体系，随着时代的发展，只有将与时俱进的新媒体以及其他新型技术和全新的服务理念融入其中才可以促使该体系进行全面的改革和进步。在将来的社会当中，会有越来越多的互联网技术，例如，人工智能、物联网、5G通信、区块链等不断发展成熟并且融入更多的新媒体运营模式。所以新型媒体的传播和服务技术都将会有进一步的提升，转变高校图书馆的传统运行方式是必然的趋势。高校图书馆应该牢牢抓住这个难得的机会，将当前新媒体融合状态中的各种元素都体现在服务体系的各个阶段中，这样才能更好地让师生和整个社会受益其中。

第六节　网络环境下高校图书馆智慧服务建设走向

到目前为止，图书馆建设的发展新方向就是如何在网络环境下开展高校图书馆的智慧服务，本节主要在分析智慧图书馆理论的基础上，提出了一些对高校图书馆智慧服务的几种创新模式，以及对高校图书馆智慧服务建设的几点策略。有关部门建立起智慧服务，以图书馆的服务水平来评估其质量，促进我国公共图书馆类的发展和完善。

近年来，我们国家在以空前的速度发展。在物质经济高速发展的同时，还要满足人们的精神文化生活，公共图书馆的智慧服务建设变得越来越重要。公共图书馆的建设难度也不断增大，人们希望可以建设出一套具备公共图书馆智慧服务水平的管理体系。借鉴其他公共服务设施体系，带动图书馆服务的发展。为满足人们的精神文明建设，引导人们建立正确的主体思想，丰富人们的日常生活。图书馆需要一套良好的服务水平和绩效评估体系，这样可以提升公共图书馆综合水平，使图书馆的建设更加科学化、文明化、人性化，在我国整体范围内形成一种文明的效果。

一、智慧图书馆理论

人们随时随地、无时无刻不在利用网络来获取丰富的各类服务和信息。在网络极速发展的时代背景下，高校图书馆在社会的信息中有着极为重要的作用，可以说是社会中的文献信息中心，因此国家和政府要加强对高校图书馆智慧服务建设的关注和重视程度。让图书馆的服务更加高效，把图书馆进一步深入发展的契机牢牢地把握住，充分地发挥出丰富图书馆的职能和智慧服务，更好地为社会服务。对于图书馆的智慧服务建设来说，进行有规划的实践性探索是非常有必要的，同时需要重视应用性尝试和研究在具体业务中的实现。

在网络环境中的各种要素要与智慧图书馆的理念进行有机的结合。在2003年的时候，智慧图书馆的理念就已经被提出了，但是在那个时候智慧图书馆的发展还不够完善，直到 IBM 提出的智慧地球的理念以及云计算和大数据技术的时候，智慧图书馆才得到真正的长远发展。同时传感器技术对智慧图书馆的发展也有着很大的推动作用，对高效智慧图书馆的发展有着最大推动效果的就是智慧校园的建设，起到了极大的促进作用。智慧图书馆有许多优势，比如，职能建筑化、信息交换智慧化等，这些特点对图书馆智慧服务建设来说有着很大的帮助。智慧图书馆的服务模式构建的理论依据是关联主义和信息情景感知的学习理论。智慧图书馆为充分有效地利用图书馆的资源提供很大的技术支持。

二、在网络环境下图书阅读智慧服务的必要性

随着我国信息技术的极速前进，人们获取知识与资源的手段也变得越来越科技化。在生活的阅读中，手机、电脑、网络已然逐步进入我们的生活中，这些阅读方式对于我们的资源获取来说有着很大帮助和作用，帮助阅读提供了丰富的资源。

三、高校图书馆智慧服务的创新方式

图书馆位置导航服务。为了能够准确而又迅速地确定图书的位置，帮助读者快速地查找到图书位置，导航服务提供了很大的智能地图支持，它是根据图书的位置信息，在位置服务的室内定位的基础上，建立起一套全部图书的定位数据库。然后通过设备的感知系统可以知道读者想要的图书在哪个位置，然后寻找图书，既方便又迅速，对图书馆的智慧服务发展来说有着很大的作用和意义。虽然说，图书馆的位置导航服务有着很大的优势，但是就目前的图书位置导航服务来说，仍然存在着许多的不足，有着很大的提升空间。而且还处于一个研究的状态，只有在一些规模较大的图书馆内才有图书位置导航服务，机器人自动上架基础也是这项技术的扩展。但是在我国还没有实现，在日本等一些其他的国家机器人自动上架技术已经得到兴起，因此我国在此方面要不断加强重视

的程度。

移动学习服务。要想为读者提供更好的移动学习技术，就要通过移动终端的移动图书馆技术来实现，读者在移动终端学习之前，要先用移动终端来访问 WAP 网页或者是通过安装相关的 APP 应用软件来进行登录，这样才能够进行移动学习。微信接口时能够和移动学习平台实现同步，同时也能够与 MOOC 或者一些其他的第三方平台进行对接。例如，智慧树、超星、学习通等都能够用在移动学习中，在图书馆就会把学习平台的各种知识进行整合，然后形成一定的学习系统。通过数据的传输，并且用检索就能够进行学习，对读者的移动学习来说有着很大的方便之处，在很大程度上对读者提供了服务。

智能自助借阅服务。读者在到达图书馆的时候，一般来说可以通过预设的物联网来迅速找到文献的详细出处。这些物联网一般都是由 RFID 装置、GPS 定位扫描以及图像识别器组成的。通过这些物联网能够让读者在不需要图书管理员的情况下，就实现对图书的寻找的借阅，自主借出和归还图书实现对管理系统的保障工作。而且这样一来对于每本书来说就会有一个借阅的记录，方便了对图书的管理，同时还能够减少或者避免在借阅的过程中出现的混乱情况，对于图书馆的人员雇用也有着很大的节省。读者可以利用图书馆的智能终端来进行身份确认，然后进行一系列的操作。在图书馆系统的移动系统背景下，例如，图书借阅与归还，图书的查询，文献的检索，移动终端的学习等服务。通过使用智能终端极大程度上方便了读者的图书馆资源使用，在图书馆的管理系统上已经有着很大的实现。在信息技术的技术发展背景下，在未来的不断发展中，图书馆的智慧服务变得越来越智能，越来越方便，实现图书馆信息资源的最大化利用，同时在将来对于人机的交互应用也有着很大的意义。

个性化推荐服务。个性化推荐服务在图书智慧服务建设中对读者来说有着极大的优势，就是说图书馆的智能系统能够根据不同读者之间的喜好，以及一些使用的习惯来提供适合的个性化推荐以及图书的推送，对于读者的选择来说有着很大的帮助。例如，在读者进行图书检索的过程中，系统会自动根据读者的检索生成对相关图书的推送，这些推送都是通过读者输入的主干信息进行筛选的。然后把图书的位置以及介绍，通过动画的形式来传递给读者，这样一来读者就能够直观地了解到图书的具体位置。不仅如此，个性化推荐还能够帮助读者，在选择图书后进行自动的办理借阅以及图书预约等一系列的手续。对于长期使用的读者来说，个性化推荐会根据读者的日常借阅情况以及年龄性别等一些基本的情况，给读者制作出一套可能感兴趣的专区给读者提供阅读的选择。

社交网络服务。在图书馆中，不能够仅仅局限于对图书的借阅之类的，图书馆借助移动互联网、图书馆 Wi-Fi 以及图书馆中的 SNS 来实现对资源的共享和分享，同时读者还能够通过这些来进行社交，实现在图书馆中读者与读者的思想交流，为读者与读者之间构建起一座桥梁，便于读者之间的相互帮助以及相互交流。例如，在阅读的过程中读者可以通过社交网络与他人进行沟通，相互交换自身的观点以及思想领悟。实现引导读者对图书馆的充分利用，让图书馆发挥出其最有效的方式就是社交网络，通过社交网络来加强读者之间的知识传递和思想沟通。

第七节　智慧服务环境下高校图书馆读者隐私保护

大数据、云计算技术让图书馆数据的价值得以转换，然而数据价值发掘过程必然涉及读者隐私。如何在数据价值挖掘过程与读者隐私保护之间构建平衡点，是实现图书馆智慧服务的前提。本节通过对读者隐私保护的技术方法与社会方法的梳理与归纳，找出读者隐私泄露的内外成因，从数据使用、数据安全、数据发布三方面进行读者隐私保护策略研究，并在此基础上构建了一套适应高校图书馆智慧服务的隐私保障体系。

一、研究背景

2003 年，芬兰学者 Aittola 在"智慧图书馆：基于位置感知的移动图书馆服务"一文中首次提出"SmartLibrary"，随后引起了学者的广泛关注。国内智慧图书馆的相关研究始于 2010 年。

近年来，数据安全问题形势不容乐观，用户数据泄露事件频发。根据调查数据显示，全球 58% 的企业在 2017 年至少遭遇过一场数据泄露事件，其中 50% 的企业至少遭遇了一次内部人员泄露事件，而因为合作伙伴或第三方的原因被泄露信息的超过 1/3。在涉及个人信息和隐私保护方面，各国通常都会通过制定法律、法规及相关政策约束网络服务提供商收集个人信息的内容和途径，控制被收集信息的使用方法，掌握被收集信息的使用情况，并据此对个人隐私进行保护。而为了解决在数据价值利用与信息利用过程中不侵犯用户隐私这一难题，学者们一直致力于建立基于社会隐私政策与技术方法相结合的保护机制，以求达到数据发掘与用户隐私保护的平衡。智慧服务需要感知读者需求，获取读者使用图书馆的相关数据，挖掘并分析数据中有关的资源、空间、服务需求，为图书馆智慧服务提供数据决策，以期达到服务的精准性。通过归纳、分析研究文献，发现与读者隐私保护相关的社会方法研究主要为：隐私政策相关的实证研究、隐私政策实践应用研究、隐私政策内容表述与协商研究等三个方向。技术方法研究主要为：密文计算、密文访问控制和密文数据聚合。数字图书馆发展至今，数据使用、数据安全与数据发布成为图书馆为读者权益保护和服务质量保证的重要因素。图书馆获取读者使用图书馆的行为数据，依据该数据能够动态感知读者的需求。行为数据涉及读者的数字图书馆使用习惯、地点、时间以及研究领域等信息，图书馆针对其进行多维度的数据挖掘及分析可能侵犯到读者隐私。隐私保护研究依托信息安全与大数据，而大数据是支撑智慧服务实施的前提，因此，读者隐私保护是图书馆智慧服务研究与实施的重要环节之一。本研究对"互联网＋"环境下的高校图书馆智慧服务的数据价值发掘以及读者隐私保护进行了综合性的梳理、分析与研究，探索两者之间的平衡点，构建平衡模型，供图书馆界探讨与完善以解决两者之间存在的现实问题，探索数据应用与隐私保护问题的解决策略。

二、智慧服务、数据价值与数据安全

数据价值支持智慧服务。大数据应用实践的关键在于其业务价值的体现。数据价值与业务需求息息相关，不同的业务需要不同维度的数据价值，所需结果也不尽相同。数据价值的发掘，不仅可以在海量数据中获取有业务价值的信息，还可以降低数据密度，提升数据的应用性。大数据区别于传统的统计学数据处理方法，主要是数据挖掘的限定规则较为宽松。智慧图书馆建设在以挖掘业务数据价值为基础的前提下，存在着以下问题：①随着数据量激增，多维度地进行数据采集、存储在一定程度上降低了数据价值的密度；②虽然多元化的互联网业务平台可以为读者提供个性化的服务与资源获取的便捷渠道，但是多渠道服务的模式使得数据不断增长与沉积，导致了数据的复杂性与多样性，数据的价值密度低、价值提取难度增大；③数据已经成为业务决策的新要素，有效的数据提取、数据应用价值的提炼是直接影响图书馆业务决策、智慧服务效果的因素之一。多维度的数据关联与挖掘，涉及读者信息安全与隐私的问题也越来越突出。数据价值越高，支持智慧服务实施的效果越好，数据安全风险越高，隐私泄露概率越大。

智慧服务提升业务效率。智慧服务依托业务系统的数据支持，构建一套感知化的服务体系，能够挖掘用户需求，从而进行多元化、个性化服务。数据安全性与稳定性往往直接或间接影响着智慧服务的结果。互联网的高速发展不断产生各种类型的数据，如结构化、非结构化与半结构化数据，它们相互作用，融合在各种业务系统中，保障业务的正常运行。据不完全统计，国外平均每秒就有大约 200 万人使用 Google 搜索，Facebook 的用户每天共享的信息超过 40 亿条，国内的微信、微博也拥有相似量级的数据信息，这些数据被商业机构运用于科学计算、医疗卫生、金融与零售等各种行业，并取得了一定的效果。持续的数据利用以及对数据的挖掘，不仅可以发现其显性价值，也可以发掘其隐性价值，大数据逐渐成为继云计算后计算机信息科学领域一个新的增长点。人们在享受互联网各种服务的过程中，往往愿意牺牲部分隐私而获取便捷的服务。在信息社会环境下，用"鱼和熊掌不可兼得"来形容智慧服务与隐私保护两者之间的关系也不为过，"隐私"的定义也随着社会发展而发生改变。

大数据量已经超出人工处理的能力范围，根据业务需求的数据价值提炼，是实现精准服务的重要环节，数据价值提取的精度越高，智慧服务的效果越好，效率越高。科学数据具有周期性，数据价值也有周期性。动态的、实时的数据价值的提取，能使智慧服务在短时间内及时、精准地提高读者的满意度与忠诚度，以智慧服务为主体的业务平台，读者黏度是否得到提升，是平台建设成功与否的关键。

数据安全影响智慧服务。李克强总理说过，"数据是基础性资源，也是重要的生产力"。而马云也总结了数据技术给互联网所带来的变革，他认为，"我们正迎来一个从 IT 到 DT 变革的新时代，IT 时代把人变成了机器，而 DT 时代把机器变成了智能化的人"。大数据的价值体现在宏观层次的全面性、微观层次的精确性，大数据价值具备准确性、及时性与个性化的特征。高校图书馆的智慧服务，需要发掘读者相关数据的价值，以此反馈学科服务，提升其准确性、及时性。在方法上，可以借助于信息检索、资源服务、决策支持、数据挖掘、创新驱动等解决实际问题。数据是智慧服务的基础，数据的安全性与稳定性，直接影响到智慧服务的效果。《大数据产业发展规划》中将数据作为国家基础性战略资源，认为"数据"是 21 世纪的"钻石矿"。因此，真实、可靠、稳定的数据，可以用以作为宏观决策的依据，并能够真实反映业务动态、社会现象等微观层面难以描述的现象。由此数据安全性与稳定性就显得尤为重要，对于用户而言，数据安全与隐私问题关注度较高。

数据挖掘获取数据价值。数据挖掘是为了获取用户信息行为中隐藏的需求，图书馆等机构据此可以开展个性化服务以及制定对应的管理决策。如图书馆常用的数据统计方法联机分析处理（On-Line Analytical Process，OLAP），其最大的特征就是设定需要监测的数据维度，以达到动态获取分析结果的目的，其特点是基于数据库层的在线分析处理程序。

OLAP 与数据挖掘在适用性方面存在着差异，主要区别在于数据挖掘过程中产生假设，而 OLAP 用于对这些假设进行验证。

OLAP 是使用者为了满足某项业务的分析需要，假设一些问题或者场景，然后运用 OLAP 验证其假设是否成立。如图书馆管理系统中的读者借阅信息分析，电子资源统计分析系统以及电子资源远程访问系统中访问量、下载量的统计分析等都是按照时间轴来呈现借阅量、访问量和下载量等读者使用信息的。OLAP 由业务管理者主导的假设也存在着一定的缺陷，如业务管理者由于主观限制，未能够从整体角度发掘数据的规律。基于多维度的大数据挖掘在不设定规则的前提下验证假设、探索规律、发掘未知信息、找出事物发展方向等，这些都是 OLAP 不能实现的。人们受到其教育背景、想象力等因素的限制，经验主义也不能够在创新领域得到更大的突破，由此，基于大数据挖掘体系的构建，能够改变经验性的归纳总结关系，并辅以 OLAP 确认关联性，才能在数据关系模型的创新性方面得以突破。智慧服务不仅需要 OLAP 的多维度统计支持，更需要图书馆业务数据的挖掘以获取智慧价值的协助。智慧服务建立在数据价值获取的基础上，数据价值与服务"智慧"性成正向关系。数据价值的获取离不开数据安全的稳定性与可靠性，其中数据安全涉及用户个人信息的隐私问题，即数据隐私，因此，一个稳定的智慧服务系统应包含完善的用户隐私保护框架。

三、数据挖掘环境下读者隐私保护技术方法研究

数据挖掘是从数据中获取信息和知识的过程，最初的数据挖掘研究是基于数据库的知识发现。互联网技术的发展给用户的生活带来便利的同时，其服务模式也逐渐被用户接受。用户数据是挖掘的对象，高质量

的数据能够提供准确的信息，但数据统计及分析会涉及用户隐私，而数据发布也可能侵犯用户的隐私。由此，学界致力于探索数据挖掘过程中对用户隐私保护的方法，其中，通过数据挖掘的方法制定相应的保护策略是目前采取的主要途径。如针对数据挖掘中聚类分析的隐私保护方法，差分 DPkmedoids 算法，以及在云计算中的运用基于格的隐私保护聚类数据的挖掘方法。针对隐私保护序列模式挖掘问题，提出了项集的布尔集合关系概念，可以在保护原始数据隐私的前提下准确地挖掘出频繁序列模式的任务。聚类分析指将物理或抽象对象的集合分组为由类似的对象组成的多个类的分析过程，它是一种重要的人类行为。图书馆业务的数据使用可以分为以下三个角度。①资源角度，即纸质资源、电子资源等结构化数据。资源使用数据可以借助于图书馆管理系统以及互联网监测工具（如 OLAP 系统）完成多维度的统计，如基于网络监测的电子资源统计分析系统和基于地址重定向的域外访问管理系统。②空间角度主要涉及图书馆空间管理方面的数据，包括读者进馆数据，使用无线网络数据以及座位使用数据等。空间服务的读者利用数据的获取可以通过相应的业务系统的统计模块获取。③服务角度包括文献传递、查收查引、查新等涉及读者直接需求的数据。对从服务角度获取的数据进行统计分析时可以利用 OLAP 来完成。当前，图书馆业务数据只停留在收集保存的阶段，其统计分析工作仍然需要人工完成。因此，图书馆业务的开展，需要 OLAP 系统对业务系统进行初始的统计分析，从而进一步驱动管理决策。

基于差分隐私保护的 DPk — medoids 算法应用。信息窃取者想要获取某一个数据集（除这段记录之外的其他所有信息），利用差分隐私保护模型能够保证窃取者不会利用其余的记录，从输出结果中获取额外信息。

然而信息安全保护者所关注的是在聚类过程所公布的信息中，用户隐私不被泄露。在提交聚类查询信息过程中，返回的结果已经是被差分隐私处理过的结果。在每次发布真实中心点之前使用拉普拉斯机制对中心点加噪，再发布加噪之后的中心点，在一定程度上保证了个人隐私的安全性以及聚类的有效性。但是在复杂多变的互联网环境下，其攻击方式也在不断变化，因此防护策略也需要动态、及时调整，才能避免由于数据隐私泄露造成的损失。

基于格的隐私保护聚类数据挖掘方法应用。在云计算的环境下，公有云为机构提供了数据存储的空间，提高了机构的效率，但是数据的安全性与稳定性问题也随之被业界质疑。公有云的建设者与拥有者承担着数据的安全问题，其规模与知名度直接影响到信任度。在视大数据为资源的背景下，如果由于用户隐私问题对数据进行保护，禁止对数据进行数据挖掘与分析，那么大数据将失去其价值。因此，在云环境下，相关学者提出了一种基于格的隐私保护聚类数据挖掘方法，用以平衡数据挖掘与隐私保护。高校图书馆的存储数据提供了挖掘的"原材料"，基于格的隐私保护数据挖掘扩散了应用场景，如 PPK-means（Privacy Preserving K-means）以及隐私保护层级聚类等方法，提升了高校图书馆客户端的数据挖掘精确度。

基于序列模式挖掘的隐私保护应用。数据安全性与稳定性是数据挖掘的前提，然而读者往往担心的是数据挖掘对隐私的侵犯。在用户隐私数据不暴露的前提下实现精确的数据挖掘任务，是当前学者较为热衷的数据挖掘方法。隐私保护序列挖掘问题的相关概念，如项集的布尔集合关系概念等，能够在数据的隐私保护性、挖掘结果的准确性与算法执行高效性方面得到很好的体现。

　　智慧服务需要数据支持。对数据进行采集、分析，挖掘其中的应用价值，是提高图书馆精准服务的基础。然而数据应用过程关乎读者隐私问题，需要制定相关的策略和方法以完善数据应用。基于 k- 匿名保护模型是现在应用比较广泛的隐私保护技术。随着网络攻击技术的不断发展，新的攻击方式下传统的保护方法已经不再有效。从数据层中的数据表等相关内容中也能够挖掘分析出用户的敏感信息。以数据挖掘的聚类分析为例，在互联网搜索领域，基于关键词的搜索将结果聚类反馈并以简洁的方式呈现给用户。多维数据的挖掘可以提高数据价值的精度，然而维度越高，其敏感信息泄露的可能性越高。不同数据挖掘的方式原理不同，其保护策略也存在着差异，不同的数据利用方式需要不同的保护方式。数据挖掘方法与工具随着技术的进步而不断完善，这也给用户隐私保护带来了一定的困难。因此，隐私保护的策略与方法也需要时刻紧跟挖掘技术的发展而不断变革，以适应互联网智慧服务的实际需要。攻防理论是数据安全保护的基本策略，应用场景的不同，其保护的策略与方法也不尽相同。智慧图书馆处于复杂多变的互联网环境，其业务体系的构建、业务流程的重组使得数据安全保护策略需要时刻调整。总之，隐私保护的方法不仅是技术层面的，更应该是社会层面的，隐私保护技术作为工具被用于不同的业务系统，以保障业务的稳定实施。数据管理者对技术方案的规划、设计、选取与防护思路的制定都需要借助社会方法的参与。

四、智慧服务环境下读者隐私保护的社会方法研究

　　互联网技术提供了许多工具可用于多种业务系统提升效率与改进流程。隐私保护技术工具的选取，需要管理者根据具体业务的运行规律进行科学规划，以达到提升与改进的效果。图书馆管理者掌握技术方法并

实施于业务数据使用、数据安全与数据发布，并在此过程中贯彻读者隐私保护思想，该过程属于社会方法综合运用。基本的数据流循环将是整个业务系统运行的关键，而对症下药、动态监测具体业务数据也是隐私保护最精准有效的方式之一。

数据使用隐私保护。智慧服务的"智慧化"是在大量数据采集、分析、挖掘的基础上，有效感知读者的所想、所需而开展的精细化服务。服务"智慧性"的高低取决于数据维度的高低、数据的周期性等因素。高校图书馆的数据使用过程涉及读者的隐私数据，如读者姓名、学号或者工号、单位以及何时、何地访问哪种数据库、检索何种关键词等。数据使用的维度越高，涉及读者相关的数据就越多，分析结果越精确，隐私泄露的风险越高。数据使用隐私保护的关键点在于对前期采集数据的处理，如匿名化、模糊化的方法对读者信息进行预处理，是数据使用过程中保护读者隐私的一种较为直接的方法，也是高校图书馆掌握读者群体的动态信息需求，并以此开展智慧服务的有效途径之一。①匿名化数据能够分析出用于决策的信息，包括业务前期运行状况、规律，并以此探索后续发展状况等；②模糊化方法，提前预设采集、提取业务分析所需的数据，摒弃无关数据，此方法既可避免数据过载，也可避免核心隐私数据的关联分析造成读者信息泄露，如通过预设的时间段的资源访问量、检索词等数据用于挖掘读者资源需求。

数据安全隐私保护。数据安全隐私保护是根据不同的数据使用环境，选取合适的数据安全保护策略、机制进行防护。该方法的实施依赖于数据管理者能够宏观掌握最新的数据安全技术方法，并具有敏锐的数据安全规划与设计能力。国际标准化组织（International Organization for Standardization，IOS）对计算机系统中数据安全定义为：构建数据处理系统，并采用相应的技术和安全保护以保护计算机硬件、软件和数据不被偶然与恶意的原因破坏、更改与泄露。因此，数据安全可以理解为以各种技术与策略保证数据的可用性、完整性与保密性。数据安全是保证数据在传输与交换过程中不发生信息的增、减、修改、泄露等。数据安全隐私保护可以分为：①防护技术包括数据备份、双机容错、数据迁移、数据库加密、硬盘安全加密；②安全技术包括隐藏、访问控制与密码学；③实施策略包括网络分段、交换式集线器替代共享式集线器等。智慧服务的基础是依托互联网开展，数据的采集与使用过程涉及多个系统，系统之间的数据交互过程需要构建数据安全保护技术防止数据泄露造成侵犯用户隐私问题发生。数据管理者可根据不同的数据使用环境，制定相应的数据安全保护策略，避免读者隐私因数据外泄造成暴露。

数据发布隐私保护。图书馆以系统运行数据分析信息应用于业务效率的提升、运营的决策。由于系统多维度数据关联分析的需要，图书馆各项业务需要发布与共享部分数据。在传统数据库支持的业务系统中，数据发布以提出请求的方式调用相应的数据，但是在大数据时代，智慧服务通常是采用推送的方式授权给相应的主题。数据的发布过程不仅需要推送策略支持以保证数据的可用性，也需要隐私保护指南规范发布行为，如基于隐私保护的数据挖掘（Privacy-Preserving Data Mining，PPDM）概念的发布。传统数据发布的"匿名"与"模糊"等隐私保护模型，可以降低在数据使用过程中涉及用户"隐私"等敏感信息的泄露，但是对数据使用（数据挖掘）相关算法得出的隐私信息无法进行有效保护，这些信息也应该动态删除。PPDM的目标是实现一种改变原始数据的算法，让可能含有隐私信息的数据在挖掘过程中不被泄露。由此，即使发布、共享数据，也可以让数据窃取者无法通过这些数据获取读者隐私。高校图书馆拥有多样化的数据，为提升服务质量，运用数据挖掘与分析工具动态获取读者的需求，数据安全问题因此显得更加突出。随着智慧服务理念逐步被图情领域所接纳，智慧的数据性，数据的安全性，安全的保障性等问题需要得到重视以保证智慧服务健康、稳定地发展。

　　智慧离不开数据的支持，如资源数据、行为数据等，这些数据能够多维度显示图书馆的运行状态，包括读者的空间、资源、服务需求，而数据的挖掘分析能够得到读者深层次的学科需求。大量数据的采集、整理、统计、挖掘、分析，其过程周期较长，数据的安全性与稳定性在此过程中尤为重要。数据的管理者与利用者的数据素养，其数据意识、数据能力与数据伦理直接影响到数据应用效果与数据安全稳定。

　　高校图书馆运用互联网技术和理念开展学科服务、资源服务与空间服务，具体理念就是关联图书馆多系统的数据，实现服务管理的整合。数据由不同系统进行多维度汇集，实现多维度的整合，提升了大数据的应用价值，为图书馆开展智慧服务提供了条件，在此过程中也提高了数据管理复杂度和数据隐私泄露的风险度。传统的隐私保护技术已经不适应智慧服务中数据挖掘、分析等应用环境。同时，读者还未意识到在自我隐私保护方面的重要性，如读者身份认证的读者卡常被他人借用，身份认证账号互借的情况也比比皆是。因此，智慧服务环境下的读者隐私保护，不仅是技术层面、管理层面的保护，也需要加强读者数据素养教育，提高用户有关数据意识、数据能力和数据伦理方面的数据素质，确立读者数据保护法律原则。读者对个人数据的不可控性，不仅需要业务机构的行为自律也需要法律法规对个人数据加以保护。然而图情界至今尚未有完善的数据隐私保护法律法规来规避已经存在的安全风险。唯有借鉴国外先进经验，如欧盟的《一般数据保护条例》等，并结合图书馆业务的数据使用现状，制定数据保护行业规则。这些规则应包括数据使用目的、明确原则、明示告知原则、数据质量原则、数据安全原则、公开责任原则等。图书馆门户网站等平台在收集、使用读者数据行为时，应在其主要页面提供法律声明与隐私权政策等信息，让读者详细了解个人数据使用情况以及可能存在的风险等问题。

建立读者数据使用信任机制。信息社会环境下，读者对图书馆的数据收集、使用等行为不知情、不了解，而且读者作为数据的主体对数据的控制力不强，由此会造成整个社会对机构数据使用缺乏信任。因此，增强读者作为数据主体的参与度，提升读者在涉及个人数据使用的透明度，是实现读者权利正当性的基础。图书馆作为智慧服务的实施者，应该拥有干预自动化业务建设方处理算法黑箱的权利，并向读者公开算法决策对读者个人可能存在的影响，以此获取读者信任。图书馆作为公共服务机构，应该以维护读者利益为前提开展数据收集工作，在此过程中不可避免地存在读者个人与公共利益之间的权衡问题。因此，需要建立读者与机构之间的数据共享知情权，这样才能够更好地实现保护读者隐私的目的。

强化敏感数据身份信息定义。读者隐私保护需要区分一般个人数据与敏感数据，一般个人数据可以建立在默认同意的基础上，只需要读者个人没有明确地反对，便可以收集与使用。但是对于读者个人敏感信息而言，则需要图书馆等机构在数据收集与使用之前，征得读者同意。因此，对于一般数据的使用需要机构强化数据安全保护措施，而对于敏感数据的使用则需要调和读者数据保护与使用需求之间的矛盾，实现利益的均衡。

细分读者数据收集使用主体。数字图书馆实时、动态收集读者信息，并且应用日志分析等大数据技术分析数据，进行精细化的智慧服务，在此过程中，对于读者身份判别与读者个体进行深入的掌握。因此，在图书馆智慧服务需求的背景下，政府、机构与读者都对用户隐私保护有了一定的关注。机构的数据收集、使用有了明确的定义，对业务数据自动化处理也必须有明确规定。图书馆应该有差异地对待各种读者数据，并对其加以保护，也可以根据不同环境、不同业务进一步细分读者数据保护规则，细分数据的收集主体与使用主体。

关注数据存储中的数据安全问题。读者数据被收集后，图书馆等机构要对所收集的读者数据提供保护机制，防止数据在存储过程中被泄露。数据存储安全根据不同的环境，需要建立不同等级的保护制度。图书馆出于业务发展需要，收集读者数据，也要重视数据存储的安全问题，充分考虑业务发展与数据安全的关系。大多数高校图书馆依托数字化校园建设的数字图书馆，已经具备了集中的数据资源库与数据中心体系，数据存储的安全性与稳定性也得到进一步提升。集中统一的业务管理体系避免了存储数据的泄露问题，也为智慧校园、智慧图书馆的建设提供了稳定的互联网环境。

完善读者隐私保护素养教育。由于目前针对读者个人隐私保护的法律法规欠缺，法律体系尚未做到有效衔接，因此在读者隐私问题与现有法律的关联问题上，需要考虑到执法的适用性与可操作性。读者个人隐私问题取证、举证受到一定限制，特别是在大数据环境下，读者个人隐私泄露所带来的后果难以在短期内认定，所以执法机构只能够使用传统的名誉权处理方式对读者个人隐私进行保护。读者隐私不仅需要机构数据管理者从数据安全技术与方法手段等方面进行保护，也应从提升读者的数据素养中加以强化。读者只有从数据意识、数据伦理等角度全方位认识到数据使用、数据安全与数据发布的需求、流程以及在此过程中带来业务的便利性，才能逐渐消除读者"谈隐色变"的心理阴影。

图书馆服务的智慧性，必须有相应的工具配合实施，才能将数据的价值充分发掘，从数据层面予以业务实施的智慧化。目前，高校图书馆的数据驱动业务，大部分还停留在 OLAP 阶段，并没有利用数据挖掘来支持学科服务。其中数据驱动业务发展的数据安全与隐私保护问题，运用传统的"匿名化"与"模糊化"等方法是能够解决的。由于馆员缺乏专业数据素养培养，使得支持图书馆数据使用、数据安全与数据发布等业务的制度、流程没有得到有效制定、实施。以数据为基础的图书馆资源和业务系统，其安全性与稳定性是开展智慧服务的关键性前提，学科服务的平台化，使得读者的资源获取效率得到飞速提升。科技带来一系列变革，但是以人为本的宗旨不能改变，人的安全保护应该是全方位的，读者个人隐私与数据安全也应该是图书馆在大数据时代所要重点关注的问题。

参考文献

[1] 薛虹 . 数字技术的知识产权保护 [M]. 北京：知识产权出版社，2002.

[2] 奉国和 . 数字图书馆 [M]. 北京：北京大学出版社，2003.

[3] 张炜 . 国家数字图书馆服务框架研究 [M]. 北京：国家图书馆出版社，2012.

[4] 魏大威 . 数字图书馆理论与实务 [M]. 北京：国家图书馆出版社，2012.

[5] 黄肖俊，等 . 数字出版与数字图书馆 [M]. 北京：电子工业出版社，2013.

[6] 刘晓清 . 怎样建设数字图书馆 [M]. 北京：海洋出版社，2010.

[7] 黄梦醒 . 数字图书馆服务链——服务模式体系架构关键技术 [M]. 北京：清华大学出版社，2013.

[8] 王芬林，等 . 数字图书馆发展研究 [M]. 北京：国家图书馆出版社，2012.

[9] 熊拥军，等 . 数字图书馆个性化服务研究与实践——基于新型决策支持系统 [M]. 北京：国防工业出版社，2012.

[10] 黄水清 . 数字图书馆信息安全管理 [M]. 南京：南京大学出版社，2011.

[11] 谢春枝 . 分布式数字图书馆资源整合与服务集成的管理研究 [M]. 杭州：浙江工商大学出版社，2009.

[12] 刘燕权.数字知识宝库纵览——美国数字图书馆案例精析 [M].北京：海洋出版社，2014.

[13] 魏大威.数字图书馆建设与服务推广研讨会获奖论文 [M].北京：国家图书馆出版社，2012.

[14] 吕淑萍等.图书馆数字资源版权管理实践与案例 [M].北京：国家图书馆出版社，2013.

[15] 徐周亚，龙伟.国家图书馆数字资源对象管理规范（国家数字图书馆工程标准规范成果)[M].北京：国家图书馆出版社，2013.

[16] 吴建华.数字图书馆评价方法 [M].北京：科学出版社，2009.

[17] 袁永久.我国数字信息资源共享建设策略研究 [J].农业图书情报学刊，2011，23（7）：26-28，67.

[18] 姚晓霞，肖珑，陈凌.新世纪十年 CALIS 的建设发展 [J].高校图书馆工作，2010，（6）：3-6.

[19] 郑铣.医学数字信息资源的开发利用 [J].现代临床医学，2012，38（6）：466-468.

[20] 于新国.对数字信息资源开放存储的研究 [J].价值工程，2012（24）：231-233.